阿貴七十厄言

方添貴 著

文 學 叢 刊

文史哲出版社印行

國家圖書館出版品預行編目資料

阿貴七十卮言 / 方添貴著.-- 初版 -- 臺北市：
文史哲出版社, 民 112.09
頁； 公分 --（文學叢刊；475）
ISBN 978-986-314-654-4（平裝）

1.CST：方添貴 2.CST：傳記

783.3886   112015277

文 學 叢 刊　475

阿貴七十卮言

著　　者：方　　　　　添　　　　　貴
出 版 者：文　史　哲　出　版　社
http://www.lapen.com.tw
e-mail：lapen@ms74.hinet.net
登記證字號：行政院新聞局版臺業字五三三七號
發 行 人：彭　　　　正　　　　雄
發 行 所：文　史　哲　出　版　社
印 刷 者：文　史　哲　出　版　社
臺北市羅斯福路一段七十二巷四號
郵政劃撥帳號：一六一八〇一七五
電話886-2-23511028 • 傳真886-2-23965656

定價新臺幣三〇〇元

二〇二三年（民一一二）九月初版

弁 言

民國 109 年，阿貴的母親因器官衰竭，於母親節當天過世了。這是多麼令他難過與傷心的事啊！當別人都在快樂的慶祝母親節時，他卻痛失了至親。

回想母親雖享 94 歲耆壽，但在她生命最後偌長的老化歲月裏，卻「坐臥只多少行立」[1]，不僅長年受糖尿病之苦，晚年更罹患大腸癌，也因失智而無法自理生活，由弟弟聘僱專人在「兆如老人安養護中心」照顧她，住木柵的大哥也就近三天兩頭往送物資供用，而阿貴則經常從南投水里趕車前往探視。母親雖已漸不識人，然每見子女到來，總會歡喜的露出她慈祥和藹的笑容，並重複詢問「你吃飽了嗎？」抑或指著桌上的芭蕉，一再說：「拿去吃啊！」

斯時，阿貴尚得常與母親見見面、說說話，差幸不留遺憾。惟最後，受到 COVID-19 影響，國門實施邊境管制，大姊、二姊與弟弟因身居國外不得回國奔喪，而養護中心為控管疫情也禁止探視，以致母親過世時，除大哥外，其

---

1 唐・杜甫《百憂集行》。

餘子女皆沒能隨侍在側，這真真教他們悲痛欲絕。

　　阿貴自小罹患 Polio 小兒麻痺症，在自己年邁父母晚年照護的這件事情上，力不及心，他非常感恩自己的手足，尤其是哥哥及弟弟的付出。

　　思及母親，阿貴想到自己 the possibility of life 人生可能性之所以能盡情發展，實與未被特別保護與受到限制有關。那時，家有殘疾小孩者，常有藏之棄之、不欲人知的現象；而他反一如正常小孩般，但凡正當活動之適性參與、興趣愛好之自由選擇、及求學謀生之能力培養等，皆得充分發展，此與母親不因家中生活困苦，仍然一心為子，鼓勵他積極向學的言教身教有關。潛移默化間，終得成就他獨立堅毅性格，與不畏艱難、正直不阿之處世態度。

　　本書係阿貴為緬懷母親，動筆於 111 年的母親節。而起心動念，欲以時間為軸，記錄自己之過往點滴，則有感於退下公職後，朝九晚五不復，忖時間就是生命，怎可因老而虛擲，「門前流水尚能西」[2]，屬辭比事或可為，許自己退而不休，庸詎知己之不行！此其一。

　　其次，女兒職場工作繁忙，壓力甚大，自無暇聽念叨叨絮絮老者言，然父女情深，想其千世崎嶇，而己憂思時有，故援翰初心乃冀寓「教子義方有蘊涵、和樂陪伴見餚

---

2 宋・蘇軾《浣溪沙・游蘄水清泉寺》。

然」於就裏，期留作念想，同時也權充對女兒人生錦書的贈語，未來當她心寂寥了，或靜下心想休息片刻時，或可翻看拾掇一二，如己伴之。

　　前臺大校長管中閔在一場「人生可以有不同的選擇」演講中，揭櫫「相信改變」、「永不嫌晚」、「專注堅持」、及「功不唐捐」四者勉勵學生。阿貴細數自己之過往，從來到玉山的歸零抉擇、知天命之年的英語學習、鎩羽 5 次的公職考試、以至歸飛體輕的無忮無求，凡所行事作為，竟靡不與之相同。而今雖時空遷移、年華老去，惟自審形殘但神全，在「白髮逐梳落，朱顏辭鏡去」[3]的漸老過程中，亟思效法莊子「支離疏鼓筴播精」的不為累贅，持盈保泰不傷暮，不自累亦不累人，真實無欺、白首忘機；也從心所欲，追求新知識，學習新事物，嘗試刪述，爰書成。

　　西人雖云 Time is money.，惟時間無價且珍貴，知足者不以利自累，此阿貴由衷感佩妻子雖目盲不視，依然寒木春華，不自腐朽，分秒掌握，用心將事。她常說：「世上最公平的事，就是每個人一天都只有 24 小時，且時間不等人，稍縱即逝。」曾不想妻子之善用時間，竟與管理大師彼得・杜拉克的成功因素若合符節。

　　「吃少顧肝，吃多顧山。」雖說是句玩笑話，卻也表

----

3 唐・白居易《漸老》。

示吾人若能慎選食物且饌飲有度，或許才有談論尊嚴老化的資格。嘗觀諸時下，好逸惡勞於廚事卻深覺無聊者實繁有徒，而夸談老須康健但只淪口號者亦所在多有，殊不知，「逝著如斯夫，不舍晝夜」[4]，除非擁有哆啦A夢的任意門，否則吾人思忖為不為間，時光已然流逝。

　　既時間不可貯，阿貴深自慶幸有廚藝等身的妻子願親自教授，自己或可於屬詞綴文的同時，併向廚房覓深情，為摯愛家人端出健康美味可口、衛生營養均衡的愛心餐，追求 successful aging 成功老化，則相信想要擁有三平二滿的快愜生活，誠非難事！

　　阿貴明白自己雖漸老猶能優游不迫桑榆，誠妻子一直以來「子佩子戴」不棄之情有以成之，他是真心感到何其有幸能得「太白」如此守護。

　　成功三條件，一牽成，二好運，三才情。阿貴亦知自己一生德薄能鮮，雖少壯不成，幸老而得福，此誠弟弟金河（*婆婆世界示現生命智慧於己者*）、文史哲出版社彭先生、好友阿琨、臺北市立聯合醫院中興院區蔡院長，及諸多貴人的提攜與幫助，有以致之，謹於篇末，合十敬致深深謝意。

　　卮言小書，寫呈取笑，仍盼不吝續予引導指正。

4　《論語・子罕》：「子在川上曰：『逝者如斯夫，不舍晝夜。』」

阿貴七十厄言

目 次

筆者攜妻女探視母親合影於兆如

第一輯

回首向來蕭瑟處

醜奴兒

——書博山道中壁——

少年不識愁滋味，愛上層樓。

愛上層樓，為賦新詩強說愁。

而今識盡愁滋味，欲說還休。

欲說還休，卻道天涼好個秋。

—— 宋·辛棄疾

韶華靜兀無休，不為少年留。

少年果真如稼軒詞所言不識愁滋味嗎？那多愁善感的維特又在煩惱什麼？咸信人都有愁思，只是內容不同、時間相異而已。

從不識之無、不知薤葦，到得窺人文學府堂奧，殘疾宿命，讓阿貴經事諳事間，飛紅萬點曾無可向，六通四辟不知何方，常圉圉然頗多自限。

辛恩師諄諄提點，助其內視反聽，而今始得以凡近之才，翛然離愁喜自勝，屈信相感而利生。

少年初識愁滋味

　　阿貴從住家 5 樓陽台望出去，綻藍的天空，綴著幾朵白雲，微風自社區靜謐的小花園內拂面而來，和風之下，觸目所及，林林立立、高高低低，盡為現代化建築。他端起几上咖啡，啜了一口。

　　不若鄉下以棟喊價，都市賣房都以坪算。即如不遠「中路」地段，不僅交通方便，銜接國 2 南桃園交流道，更是公園、學校毗鄰，加之桃捷工程如火如荼展開，是以建案四起。有已蓋好，推出即完售，有雖正施工，但也以預售方式，不但熱烈推出中，且買氣殷切。只是，其價格高得嚇人。

　　想到這裏，阿貴慶幸自己在 12 年前做了購屋決定。

　　當時自己住家、工作雖仍在南投水里，但考量到夫妻二人皆是身障者，若將來年紀更大時，恐連要上到透天厝二樓，都會很吃力，更遑論樓頂之空中菜園了，覺得未來應該換住有電梯的房子才是。同時因女兒在北部工作，如此即可無需覓租，而可將租金轉繳購屋貸款。故當時毅然以預售、公教貸款方式，買下現住屋子，否則，此時才要

進場，恐怕力有未逮。

　　這是個小社區，僅 80 戶，緊鄰學校及公園，巷口拐個彎就到大馬路上，距離高速公路也僅 2 公里而已，可謂鬧中取靜，交通便利。40 幾坪的房子，足夠「他們仨」宴居。

　　陽台一角，妻子在自己為她所釘製白色櫺格花架下，種了幾盆蝴蝶蘭。她說，下輩子不想當人，因為太辛苦了，她要化身為蝴蝶，雖然壽命短，但卻可每天翩翩起舞，到處採玩，悠哉遊哉過日子，多好！

　　「瞥然一餉成十秋，昔鬢未生今白頭。」[5]行將邁入從心所欲年歲的阿貴，回首前塵，幸尚不踰矩，再看看眼前紅黃淡紫的蝴蝶蘭花，他明白，如今能過上這種平安寧靜的生活，那是自己生命當中，有幸得到許多貴人的提攜及幫助！想著想著，他的思緒也飄遠了。

　　＊　＊　＊

　　阿貴小時候聽母親說，自己誕生於臺北市武昌街。其實，關於自己之出生地，或者入小學前的種種，他完全沒有印象，但他仍記得，自己是在五常街接到小學入學通知書。五常街係兩排相向的二層樓透天厝，房子為父母所租，他還記得每間屋子之前都有著小小院子。

　　[五常街的二層樓透天厝，是筆者父母與其多年謝姓好

---

5 唐・韓愈《劉生詩》。

友，爲分攤租金而合租。他家有七個人，謝家有六個人，初期因爲孩子都幼小，故尚能擠住一起。幾年後慢慢長大，房子住不下，這才商議分開。筆者家搬到民權東路巷子中某棟四層樓的二樓，租金比五常街高，房東住樓下但怕吵，見他們家孩子多，與爸媽特別約定，希望樓上活動聲音，盡量別影響到樓下，走路勿「咚咚咚」的跑，關門也要輕，不要發出撞擊聲。所以，家人都躡腳輕聲，不敢引起巨大聲響，擔心吵到房東而不再把房子續租給他們。筆者認爲日後自己自律、自重之生活態度，與當時無聲出入方式有關。]

　　母親還說，那時武昌街房子最高四層樓，一棟只賣新臺幣 2 萬元，父親那時在賣木炭，一大包像現在飼料袋子裝滿，也賣不了幾個錢。後來父親生意失敗，別說 2 萬元，連 2 仟元都沒有！

　　阿貴逐漸長大之後，倒是常常聽到父親講起這件事：

　　「那時，如果有 2 萬元買棟武昌街的房子，現在你甘會知！」話語中，透著幾許無奈、可惜與唏噓。

　　「2 萬元，那得要賣出多少袋木炭？」阿貴內心應著。

　　記憶中，阿貴沒有木炭行的印象，倒是他記得，父親以泥水工爲業，但並非天天有工作做，卻是不管如何，每天都要喝酒，常常一個晚上就喝掉一瓶米酒。

　　「貧賤夫妻百事哀」，機鋒挑激間，父親酗酒這件事，

往往成為與母親爭吵的導火線。記得有一年農曆大年初一，父親不知何故，又與母親起了爭執，致她的腳也因此受了傷。記憶裏，父母的爭吵成了家常便飯，也完全無視子女的存在。

[筆者斯時，雖然不了解所謂的男婚女嫁，彼此所圖為何，惟思其彼此願結成連理之初衷，應也不想家庭生活爭吵不休吧！卻是柴米油鹽的擔子，總壓得人喘不過氣來！只是凡此種種，無形中也種下了心中那棵「長大後若為人夫、為人父，一定要加倍疼惜妻子，愛護子女」的幼苗。]

阿貴自幼即不良於行，不，應該說，他必須是用爬的方式，才能夠移動身體。母親說他「度晬」（台語週歲）時，有一天夜裏突然發高燒，第二天一早準備要帶去看醫生，就發現他雙下肢皆柔軟無力，已經無法自行站立了。還好，他的雙手尚好使，很有力，腦筋也沒有燒壞掉。也因此，他 9 歲才和弟弟一起入小學。想來這是母親的刻意安排，因為這樣弟弟就可以在學校就近協助他。小學六年期間，兩兄弟也成為了同班同學。

為了醫治阿貴，父母親到處尋醫訪治，尋覓良方，也曾考慮將他送到臺北振興醫院接受開刀治療，但因種種原因而作罷。雙腳蜷曲的他，沒有開刀則無法裝上鐵架，自也不能站立行走。最終他難逃病毒肆虐，成了別人口中的「跛腳仔」。每次他在門口玩時，一些鄰居老婦看見他雙腿

柔軟無力，趴坐在地的模樣，可憐之聲即不絕於耳：

「真是可憐！生得那麼俊，卻帶這種症頭。」

阿貴記得有一次與鄰居小孩一起玩耍，當他爬到五常街口，正準備與玩伴一起過巷子去到對面時，卻被一雙大人的腳給擋住了去路，他抬頭一看，發現竟是父親提早下工回家，乍見父親冷視目光，嚇得他趕緊調頭往回爬，邊爬邊心生恐懼：

「慘了！要挨打了！」

但是，不知何故，父親並沒有這樣做，甚至連一句責罵的話語也沒有。

[筆者曾聽過警廣節目主持人劉銘的演講。劉銘鼓勵所有身障朋友，不要只想到自己的不幸遭遇，而是要持正面思考的態度，看看能否想出 100 個身障者的好處。例如：開車可優免牌照稅、使用專用身障停車位、公有收費停車場停車優惠、門診就醫掛號費優免、勞健保費減免等等……。當時自己地上爬玩、全身髒兮兮的模樣，父親肯定是很生氣才會怒目相視。但直到父親過世，筆者確實未曾受過責備，更別說挨過打了，而難道這也是因腳殘關係附帶而來的好處？至今筆者沒有答案。]

倒是母親覺得，既然尋遍良方，也治不好兒子的雙腳，於是改用食補方法，經常以名貴上乘的中藥材，加入補品燉給阿貴喝，而這也是他儘管雙腳不良於行，但一雙手臂

不但給力，身子骨更是硬朗得很的原因。

　　許多人向母親建議讓阿貴去學一技之長，如修鐘錶、打金子、刻印章之類只需使用雙手的技能，這樣以後吃飯才不成問題；也有建議讓他去學建築製圖，說建築師只要坐在桌前，畫一張設計圖就可賺好幾萬！然而，母親並沒有這樣做，也未安排他就讀特殊學校。

　　[想來這些街坊鄰居皆是出於一片好心，殊不知隔行如隔山，「看俺公吃雞胘脆脆」，他們哪裏知道，想要成為一位成功的建築師，是要歷經相當的歲月研讀專業知識，同時又必須經常親至建築工地勘察，且需具有真本事，才能揚名立萬，受到大家的肯定！]

　　由於延後入學，小學畢業後，恰巧趕上九年國教實施，阿貴得不經聯考分發至國中就讀，之後考高中，一直至大學畢業，他讀的都是普通學校。

　　有趣的是，阿貴罹病不久，母親曾為他算過命，算命仙這樣說：

　　「這個囝仔命中注定要帶這個『破相』（台語）的症頭，不然就會夭折，但他以後會當官。」

　　母親曾經在許多場合講述著這件事情。

　　阿貴不知這是不是自己之所以能受教育的原因？抑或「屘囝食較有奶」（台語），五個兄弟姊妹中，他排行老四。由於家中經濟不裕，父親並非天天有泥水工作可做，母親

只好到天母為外國人幫傭，至於哥哥及兩位姊姊小學畢業後就輟學當學徒賺錢了，他因為身障，弟弟則是年紀最小，兩人最幸運，能夠繼續升學。

而就讀國小的種種情景，阿貴仍然記憶猶新：

凡上學之日，弟弟自己步行到校，阿貴則是由哥哥或姊姊一早以腳踏車將他送去學校，再趕赴工廠工作，因此，他總是班上第一個到校。但是，下午下課得早，那個時間點，家裏沒有人能夠來接他們，為了解決這個問題，母親常常僱用三輪車載兩兄弟回家。

剛入學時，阿貴因為沒有讀過幼稚園，許多同學學齡前都已學過的東西，他可是完全聽不懂。對他來說，別的同學似乎都很聰明。

二年級時，阿貴甚至連自己的名字都還不會寫，四年級之前，表現也都平平，成績總是落在後段。不想，到了五年級，他的成績突然三級跳似的進步神速，較之從前真是判若兩人，因為他遇到了一位很好的級任導師——陳金枝老師。

阿貴感覺老師很關心他。也許是榮譽心使然吧！他不想讓老師失望，也似乎一夕之間開竅了，自那時起，他變得很喜歡讀書，常常問老師問題，而老師也都很有耐心的為他解釋與說明。果然月考成績突飛猛進，學期末，他的成績名列前茅，也一直保持到畢業，期間並曾獲選為班級

模範生。

[天地君親師，自古以來，國人便非常尊師重道，如韓愈即特別寫了一篇〈師說〉加以推崇。師不僅傳道、授業、解惑，師更是承擔著啟蒙及指引的重任。筆者因為受到一位好老師的循循引導，從而影響了往後的一生。長大之後，纔理解到原來自己小學時成績進步的表現，某種程度正符合了 Pygmalion Effect 比馬龍效應所指「假若老師認定某些學生為資優學生，即使他們並非真正的資優，但是經過老師的提點和鼓勵，最終亦會自自然然地成為資優學生。」而印證於己身諸多事情，「量變，質就跟著改變」的唯物辯證哲學概念，儘管並非全然適用萬有，筆者卻是相信的。]

記得六年級時，當時的書桌是長型兩人共用，有的同學鬧彆扭，就會拿粉筆在桌子中間劃一條線，表示楚河漢界，雙方均不得越雷池一步，想來也是天真可愛。

而與阿貴相鄰而坐的毛姓女同學，曾經對他說：

「我爸爸說，你們因為身體殘缺，無法像我們一樣到處跑，相對比較容易專心，會把時間拿來讀書，功課自然比我們好。」

天知道！阿貴是多麼想到處亂跑啊！他是不能也！非不為也！外表篤實的他，內在卻是狂放的，在他內心深處，其實是多麼渴望也能像一般正常同學一樣，想去哪就去哪，隨時隨地隨興隨意、毫無拘束地在操場奔跑啊！

　　而學校一節課 50 分鐘，中間下課休息 10 分鐘，同學們會利用這短短的時間，有的去福利社買東西，有的到操場玩，不然就是去上廁所。

　　但最後這件事，卻也讓剛入學的阿貴最感苦惱，雖然弟弟會揹他去，不過有時弟弟也會不在身邊。

　　記得有一天，當第一節下課鐘響，全班的同學幾乎都跑了出去，頓時教室內空蕩蕩的，而此時的他，已然開始有尿意；待第二節下課鐘響，同學們依然快速離開教室，這時已經上午 10 點了，他開始感覺尿急，由於那時他尚未擁有輪椅，故無法自行前往，只能繼續憋忍著。

　　[筆者回憶此事，不覺多想：「為什麼當時爸媽沒有想到我會有這個需求呢？為什麼沒有為我準備一部輪椅呢？」但繼而一想，當時就算有輪椅，但環境障礙重重，實也難自行前往。

　　記得自己擁有的第一部輪椅，是國中時期扶輪社所贈送，並且是由經濟部長徐立德先生親手頒給。當時，受贈者皆坐在輪椅上，在台上排成一排，徐先生一一與大家握手後，完成贈與儀式。這是筆者生平第一次與如此位高權重的高官握手，當徐先生的大手與他的小手握在一起時，他覺得徐先生的手掌好厚實、好溫暖，予人一種安全感。]

　　到了第三節下課時，老師察覺阿貴的神色有異，趨前一問，才知他尿急，立刻請班上身強力壯的男同學揹他去

廁所，這也才解決了他當下的燃眉之急。自此，班上幾個男同學就輪流揹他去，有時是他主動請求，有時是他們自動詢問。從此，他再無有如廁解手的困擾了。

　　經過這件事後，他們成了好朋友，不僅讀書在一起，玩也在一起。阿貴記得，那時有一種「騎馬打仗」的遊戲。只要一下課，大家就到操場去玩。遊戲的玩法是：兩兩一組，由一人揹另一人，然後，揹人者互相靠近，被揹者互拉對方，但不能出拳傷人，如此幾個來回，若揹人者的重心不穩跌倒了，或是被揹者被拉下來，就算輸了。這個遊戲，他常常玩，他們這一組也多是常勝軍，因為揹他的人體格強壯，在班上是數一數二的，而他則是雙手相當有力。

　　＊　＊　＊

　　升上國中時，阿貴只在「新興國中」讀了一學期，就因搬家轉學到了木柵「實踐國中」。而與其說是搬到木柵，不如說是搬回母親的娘家，也就是外婆及舅舅們所住紅磚瓦三合院的其中一側廂房，至於需不需要租金，他不知但卻納悶，這十幾年來，父母一直都在外租房子，記憶中，已經換了好幾個住處，那為什麼不在一開始就住木柵，而要在十幾年後的今天，卻要，或者說，卻可以搬回外婆家？至今，他也沒有答案。

　　[民國初年，普遍都有重男輕女的觀念！這從有些女性被取名爲「招弟」或「罔市」即可略知一二。外公、外婆

似乎也不例外，因為他們將自己所生的女兒，全部送人，但又領養別人家的女兒。大姨不是外婆親生的，二姨、母親及小姨，則從小就分送給別人。

母親生於民國15年，本姓張，但從小就過給方姓的人家當養女，這也是筆者小時候一直搞不清楚，為什麼自己有方姓的舅舅，也有張姓的舅舅？而奇怪的是，這中間又沒有童養媳的關係存在。

凡此種種，實令人不解。因為於筆者而言，女兒應當受寵愛，怎可輕易送給別人！但在那個年代，大家都這麼做，其原因之一，據說這樣子女纏「好育飼」(台語)。]

而住在木柵三合院的日子，阿貴記憶特別深刻，因為在此，他曾經養過鴿子。

三合院的側邊廂房總共五居住空間，一客廳，一廚房，兩間臥房，及一加蓋的浴室。家人出入不從三合院的正廳，而是在廂房的後側另外開了一扇門，主要目的是為了避免干擾到外婆及舅舅們的生活作息。門外靠右側，有一棵大樹，浴室就蓋在房子與大樹中間。而浴室上方，大樹與紅瓦屋簷之間，剛好有一空間，阿貴就將鴿籠蓋在那裏。

阿貴從小看著父親使用鐵鎚、鋸子、拉尺等工具，對於它們並不陌生。鴿籠材料他選購相對較便宜的杉木，在算好並購足木料數量及應備的搭配零件後，為了能將木料送到浴室上面，他先釘好一個木梯，再順梯爬至浴室頂，

並由前來幫忙的同學，將木料遞給他，釘製工作就正式開始。

首先，阿貴就著屋子的牆壁及樹幹，先釘了一工作平檯，再利用它來鋸、釘木料，並依自己早先畫好的鴿籠圖樣，按圖施工，順利完成了它的外觀建造，接著裝配活動門及放飛的制動開關，另外在籠內一角落釘出一個獨立空間，專供母鴿孵蛋用，以及供鴿子棲息的木條層架，最後將木梯垂直固定在鴿籠與地面之間，釘製工作即大功告成。

這鴿籠，阿貴前後花了數天的時間完成它，而唯一美中不足的是，浴室的頂蓋是塑膠浪板材質，當風大一點、樹幹搖動時，鴿籠就會連動，浪板也就跟著發出聲響，實在有點擾人，每次發生這現象時，他就覺得很不好意思。

另外，它幾乎用盡了阿貴所存全部的零用錢，但最最重要的，是父母並未阻止他做這件事，甚至不曾責罵他。

阿貴因為零用錢所剩不多，開始學習孵養時，只能先買一對鴿子，再到飼料行配了些豌豆、玉米、小米、及糙米的混合飼料，另外也買了一個石膏碗及一包紅土，準備讓鴿子孵蛋用。

就這樣，阿貴開始學習養鴿，並不斷向鴿行老闆及同好請教相關知識。他天天都上去清理鴿籠、補充飼料及飲用水。過了一段時間，只見母鴿一直窩在石膏碗中，只偶見牠啄食紅土，他知道牠快生蛋了，自己不能常常去驚動

牠。

　　這天阿貴再上去，並伸手往石膏碗內一摸，頓覺興奮不已：

　　「哇！有耶！生了耶！」

　　母鴿生了兩顆蛋，牠天天以腹部抱孵著，二個多禮拜後，蛋殼破了，只見小鴿子探出了頭，樣子小小，全身濕漉，母鴿以腹部加以保護，並以鳥喙吐出食物餵食著牠們。小鴿子長得快，須在一週之內，為牠們套上腳環，否則就無法套上。腳環上有號碼，以供辨識擁有者，及比賽時登記用。牠們自生自孵，由 2 而 4 而 6……經過一段時間之後，阿貴已經擁有近 20 隻鴿子，這時他也已經就讀高中了。

　　由於阿貴高中讀的是夜間部，因此白天的上午時段，他都會廝磨在此，而每天上午的放飛，是他最感開心的事。看著這又稱之為「插羽佳人」[6]的鴿子翩然群飛，在空中時而盤旋，時而低飛，時而高颺，他就覺得好像自己也跟著飛上了天似的，好不快樂！

　　但必須注意，放飛之前不能餵食，否則，牠們儘管飛累了，歸返時會逗留在外，而不立即入籠，尤其是假日傍晚的放飛，因為鴿子是 night blindness 雀盲眼，歸巢時如未立即入籠，當天色變暗，就很容易受到貓的攻擊。相反的，

---

6 「插羽佳人」、「半天嬌」，皆鴿子別名。

因為飛累了，加上肚子餓，歸巢時就會快速入籠。而如果是訓練期間，當鴿子已經飛了一段時間，紛紛欲飛停屋頂、進籠覓食，為了增強牠們的飛行耐力，阿貴就會搖動旗子，或施放鞭炮加以驅趕，這些「半天嬌」就會千鈴忽起，倏地再次振翅高飛，好不壯觀。

為了訓練，阿貴會沿著屋頂斜斜、由仰瓦及俯瓦互相嵌砌而成的排水溝槽，爬至廂房紅板瓦屋頂最高處。不想一不小心，就將紅板瓦踩破了，造成每雨就屋漏的情況。為這事，他被數落了一番。還好，父親是泥水工，會修補抓漏，他算是有驚無險，免於被下禁養令。

感情專一的鴿子，經常成雙成對、形影不離，牠們更有著相當強的歸巢習性，也就是所謂的戀家情結，若將之攜往百、千里外放飛，牠們都會以最快速度飛回愛巢。

除了在自家外，阿貴也參加鴿車放飛。那時許多地方都有賽鴿協會，每年都會舉辦比賽活動，而在賽前會辦理多場的訓練。協會事先公告收鴿時間及地點，前一晚利用大型鴿車載送到中南部，第二天清晨集體定點放飛。曾經自己的鴿子，還不到中午 12 點，就從屏東枋寮就飛回了自家鴿籠。為此，他還相當得意！只是，他是純參加，沒有參與跟錢有關的賽事。

阿貴的養鴿歲月，歷經了國、高中階段，直到讀大學，才因學程需要及事務繁多而放棄。

[養鴿，從一般世俗眼光來看，是屬於玩物耽溺之舉，於讀書或成績毫無助益。但求學時期所讀英文詞句 Don't judge a book by its cover.勿以貌判人事物之真正意涵，筆者卻在不知不覺間，透過這件事得領略其義，也直到長大後纔發現，當時無形中自己處事已具備果決思考與處理能力。後來成家立業，結婚生子，也買了房，在妻子的鼓勵及協助下，家裏的木工裝潢及衣櫥櫃子等，件件皆出己手，想來跟這時期的鴿籠木工製作天份沒被扼殺有關。

但其實更值得一提的是，沒讀什麼書的父母，卻早已在那時期，將近代常被談及之 Empowerment 賦權觀念與作法，體現在筆者身上了。

對於現代的都市孩子來說，養毛小孩或許是一件極其普通的事，但養鴿子嘛！恐需等到石爛江枯吧！因為現代父母應會覺得，清理鴿籠是件很麻煩的事，而鴿糞則會有很多細菌，絕對碰不得。

只是，世間再困難艱辛或再美好燦爛的事物，唯有親身歷經其過程者，纔能了解箇中酸甜苦辣的滋味，不是嗎？]

而就讀實踐國中的時光，阿貴覺得很快樂，也很有成就感。由於他是轉學生，在原學校的成績只有一學期，也看不出好壞，於是被編到了後段班。在大臺北地區，當時木柵算是偏鄉之地，他這個「城裏的孩子」，竟然在這後段

班裏，每次月考都拿第一名，不但老師肯定他，同學也喜歡他，大家才認識、相處沒多久，就都成為了好朋友。而國二時的重新編班，他沒有意外地被編到了前段班，也就是所謂的升學班。

學校離家近，阿貴上、下學都由弟弟協助。而有時在星期例假日，他也會應同學之邀到學校操場玩。他最喜歡的是棒球，當時，大家象徵性的組了個隊。他雖因雙腳殘疾，不能站立，但是雙手仍然相當有力，可以當捕手。而他雖採蹲姿，但用力一擲，仍可將球傳至二壘。有時會由他打球給玩伴們接，他會時而打向三壘，時而游擊，時而二壘，再由接到的人快速傳到一壘。僅以一手，他就可以把球打得強勁有力。至於外野，則由左外、中外、右外三人互相長傳球練習。

[這也是為什麼筆者特別喜歡收看 MLB 美國職棒的原因，尤其最最痴迷「Chien-Ming Wang」時期。]

還有籃球，阿貴雖無法打，但看得懂。有一次，當他在籃球場邊玩時，突然校長喊了他的名字。原來，校長和幾位男老師分為兩邊互打，要他幫忙記錄分數。

阿貴於是坐在場邊中線處，以紅磚為筆，一右一左，在地上畫了兩個框框，然後緊盯著場上兩邊的得分情況，凡有得分，即逐筆在各別的框框中劃寫「正」字，罰球入網得 1 分，投球入網得 2 分，一個「正」字等於 5 分。只

見校長及老師們，或是擦板得分，跳投得分，或是灌籃得分，雙方或進攻，或防守，移動速度可說快速無比，有時也有走步或拉手犯規的違例情形，以致必須換邊進攻，異攻為守。而互相得分的情況，也時而呈現拉鋸膠著，時而比數拉開，甚是緊張。記得那時，籃球規則還沒有「3 分球」的規定！他很喜歡幫校長及老師們記錄分數，因為比賽結束之後，校長都會用「偉士牌」機車載送他回家。

阿貴也很喜歡學校的工藝課，曾經自己的作品，被老師拿去放在校長室的壁櫥中展示！他記得，那是兩座類埃及「金字塔」的模型，併排黏立在一塊帶有木紋的原木厚板上。木作體先經 No.120 砂紙粗磨過，再以 No.180 細磨至觸手光滑後，他在底座塗以深咖啡色廣告顏料，金字塔身則塗以亮黃色，待顏料乾了之後，略事修整，他再漆上木作專用平光透明漆。為增其典雅質感，他共上了八次漆之多！

國中階段，阿貴也很喜歡看電視，自己 600 度的近視，應該是那個時候看出來的傑作。那時，台視、中視、華視等電視台相繼成立，他都是到舅舅家看。後來母親也為家裏添購了電視機。而 Combat! 勇士們，是他最喜歡的影集。

阿貴對於當時三台的節目名稱，可謂如數家珍、耳熟能詳。而最令他難忘的是，國三的作文模擬考，他即以之為文章內容，扣著題目，縱橫串連，一氣呵成，迅速交卷。

當時聯考作文滿分是 70 分，不想駱老師批改之後，竟給了他 68 分的成績，讓他暗自欣喜不已。加上平時老師深入淺出的教學方式，及風雅有趣的講解，總能引得同學們認真學習，而這也是他喜歡國文的原因。

公民與道德，由一位道貌岸然、身材略為發福的先生執教。師嚴謹自律，即便是酷熱夏季，也從不穿著隨便，為同學上課一定是「西裝褲、白短襯衫，外加一條領帶」的 suits 正裝形象，阿貴至今沒忘。老師說：

「天氣雖熱，但老師上課仍這樣穿著，是表示對大家的尊重！也希望同學們能了解自重重人的道理。」

[當時年紀小，筆者尚不懂「自重重人」的真諦，總是想「老師這樣是不是太自累了？」但長大後終知老師所欲傳達的是「要得到別人的敬重，一定要先自重」的道理，也因此明白了「慎獨不苟」態度的重要，也要求自己出處語默皆要自律、自重，不可恃己身障而率爾為之。]

＊　＊　＊

國中畢業後，阿貴參加了高中聯考。大家原本都非常看好他，不想正式考試時卻失常了，分數只能錄取板橋中學，前三志願建中、附中、成功，完全沒他的份。失望、懊惱之餘，他更擔心板中離木柵那麼遠，要怎麼去呢？雖與母親有一些討論，但終無具體結論而暫時擱著。

「橫豎還有一個多月的時間，再想想看要怎麼辦吧！」

阿貴表面上看似不急，但其實他內心是焦慮的，是自我盤究再三的：

「通勤？」顯然自己做不到。因為獨力無法完成，家人又無法協助他。

「住校？」可是，板橋高中沒有學生宿舍！

「學校附近租房？」更不可行，因為自己沒外宿過，自忖在生活起居方面，自己應該沒辦法應付。

那怎麼辦呢？

「重考嗎？」

就在阿貴自問自答、絞盡腦汁、積極想著解決辦法的同時，同班同學子俊及堃池一起來找他，帶來了「建國中學附設補校」的招生訊息，並詢問他是否要一起報名。經過兩位同學的說明，他了解到當時建中設有日間部及夜間部，而補校的上、下課時間，與夜間部相同，師資也一樣，即每位老師，都同時教夜校及補校各一班。唯一不同的，是補校生在畢業時，必須另外再參加「同等學力」考試，通過之後，才能正式取得高中文憑。

國中時，三人在班上的座位號相連，所以，平時互動良好，同學情誼自較深厚。他非常感謝，也很開心多了這麼一個選擇機會。於是就一起報名。經過如聯考般正式考試與放榜的過程，大家都如願考上。三人都很高興，因為又可再當 3 年的同學，不想報到分班之後，竟然又被分在

同一班，且座位號又那麼巧的編連在一起。想來，能夠同窗6年，座位又相連，三人的緣份真是不淺！

「板中」存在的問題，同樣在「建補」也有，那就是「如何通勤上學？」。因為讀的是夜校，上學時間在下午，但這時段家裏沒有人可以協助阿貴。還好，兩位同學知道了他的情況，主動表示願意幫忙。

當時木柵有兩條公車線，一是指南客運，另一是欣欣客運，經深入了解後，較能配合上課時間的是「欣欣251路公車」。這條路線，是從木柵總站開出，沿著木柵路，經景美、公館、羅斯福路，途中會經過南海路口。三人經過討論，決定選擇它。當時，子俊家在總站附近，堃池家在「溝子口」，至於阿貴家則位於中間的「青邨」。由於當時並不如現在人手一機（手機）方便聯絡，是以，三個人之間必須很有默契。

他們進行的方式是這樣的：

阿貴必須在約定時間之前到達青邨站牌處，而堃池則以步行方式往上走與他會合，至於子俊則從總站上車。當車快開到青邨時，二人如果看到子俊將手伸出車窗外揮動，就由堃池揹著他上車，若車子來了，卻沒有看到子俊的揮手動作，他們就再等下一班車。

[兩位同學協助一起上、下學的光景，在筆者訂製了一輛改裝三輪機車並以之為代步交通工具之後，纔有了改

變。筆者可獨自騎著這輛三輪機車上、下學，他們倆也不用再那麼辛苦地陪著搭客運，但這份來自同窗的情誼，筆者至今牢記在心，未曾或忘。而兩位同學高中畢業後，分別考上不同的學校系所，且皆有所成就，堃池熱心鄉里，成為了里長伯，而子俊碩士班畢業後，進到一家上市公司服務，表現優異，最後並以副總要職榮退。]

阿貴從一位身障朋友處得知，有機車行可替人改裝三輪機車，而且可為使用者客製化。對他來說，這真是一個好消息。他立刻告訴了母親，並安排時間由大哥陪同前往了解。

車行老闆非常客氣，說明三輪車架是由自己設計焊接，再組裝上從新機車或二手車上拆下來的引擎。彼此經過溝通與討論之後，母親同意下訂並付了訂金，雙方並約定好交車時間。

約好的星期六上午，老闆送來改裝完成的三輪機車，阿貴欣喜萬分。這輛自動變速的改裝機車，是仿人力三輪車的座椅型式，車頭則是一般的機車車頭，剎車操縱桿在車頭與座位之間，必須以左手壓放控制，油門在右手握把，整體感覺應該很好操作。

這是阿貴擁用的第一輛機車。對他而言，可說是像汽車界的 Rolls-Royce 勞斯萊斯般珍貴！

老闆將它自貨車卸下，在說明清楚發動及操作的方式

後，讓他試騎看看，他坐上去後按住啟動鈕，很容易就發動了機車，他再試著輕轉右手，只聽引擎發出特有的聲音，車子也跟著移動了，一切似乎很順利。老闆見沒問題，便先行離去。

　　第二天上午，阿貴迫不及待想要體驗操控它的感覺。生平第一次獨自駕駛機動車輛的他，坐穩之後，先按住啟動鈕發動了車子，然後右手輕轉油門，車子立即往前移動了兩、三公尺，這真是既新鮮又刺激、從未有過的全新體驗；他再次轉動右手，這回更是往前移動了七、八公尺。他覺得操作起來很容易，短短數秒就可移動十幾公尺了，與他平時上學拄雙拐、辛苦移步的緩慢感，簡直天壤之別，於是決定自家門前的小巷，沿著台電宿舍的圍牆邊，將車騎出光明路。[這條路門牌整編，現在改為光輝路]

　　起先，阿貴雙手緊握車頭把手，右手慢慢轉動著油門，車子也開始慢速往前移動，他顯得有點緊張，沒一會兒功夫，來到了小巷口，他左右看看，便將車頭往右轉，順利的騎進了光明路，這時路上沒什麼人車，他也較不緊張了，右手便再稍微轉動，車速也快了些，沒多久，只見眼前快來到人車往來頻繁的木柵路。這路口他很熟，因為每天上學都必來的青邨公車站牌就在馬路對面，但因為是第一次騎，他尚不敢騎上木柵路，於是在快到路口時，他將車頭往左轉，準備回頭。就在車子左轉快要回正時，突然失去

重心，車子翻了，也熄火了。幸好，車速不快，他並未受傷。

　　阿貴四下張望，卻找不到人幫忙，只好硬著頭皮，以蹲姿將車子扶正，待重新坐穩並再次按住啟動鈕，「好里加在」（台語），車子仍可發動，他也可以慢慢將車往回騎，只是感覺車子有一個怪聲。到家後，他趴下去看車底，這才發現座位下面的車軸，中間用來掛鏈條的齒輪盤好像壞了。他於是聯絡車行，老闆隔天就帶著工具及零件來了。經檢查後，果然沒錯，是掛鏈條的齒輪軸承破裂，金屬磨擦，聲音就是從那裏發出來的。老闆在修理好並收妥工具後，再一次聽他敘述整個經過，點出了他之所以翻車的原因。

　　老闆對阿貴說道：

　　「車子騎動後，如要變換方向或靠邊停下，必須輕拉剎車或放掉油門，讓車速降低，才能轉動車頭，你昨天就是沒有這樣做，車子離心力過大才會翻車。」

　　「原來如此，謝謝老闆！我會特別注意，真是太感謝了！」阿貴不好意思地一再道謝。

　　由於機車的擁有及騎乘，皆係阿貴生平的第一次，在這之前，他從未受過駕駛訓練，也從來沒有人教過他，是以，老闆在修理好後，又一次的將如何操控機車該注意的事項，及交通規則向他詳細講解，他這才充分理解，也在

後來的時間裏，不斷的累積經驗與心得，慢慢的能夠收放自如，也越騎越好了。

　　[這一次的翻車經驗，讓筆者學習到凡事剎住及放慢的重要，遇事纔能運用由心，不出其軌，也因這次差點出事的教訓，得以在後來的人生旅程上，學習到如何不冒進直驅，也不貿然將事的處世原則與態度。]

　　經過多次的練習，阿貴對於騎乘、駕御這輛改裝三輪機車，已然胸有成竹、駕輕就熟。他於是決定獨自騎著它快樂上學去。

　　「早起三光，晚起三慌。」阿貴事先已做好騎乘路線的了解，並且為了從容應付可能出現的狀況，第一天他早早就出門了。

　　從家裏出發，阿貴眼觀四方、耳聽八方，注意路上的交通號誌，及人車動態，慢慢的轉動著右手的握把，操控著自己的座騎。騎出光明路後，他左轉接上木柵路，然後一直往景美方向，在經過「世界新專」後，改右轉羅斯福路六段，朝公館圓環方向去，因為公館商圈靠近臺灣大學，是個大路口，人潮熙來攘往，車流量也較大，為了安全起見，他選擇不直走羅斯福路，而是在繞過圓環後，右轉進入汀州路，一直騎到金門街再轉入南昌街，然後在南海路左轉，沒多久就看到植物園正對面、建國中學莊嚴宏偉的紅樓建築了。

「看來，凡事及早準備是對的。」阿貴自忖著。

[後來騎車路線更熟悉了，筆者也會從金門街左轉和平西路，再右轉南海路。而這樣的路線似乎也很順暢。]

由於到校得早，學校的日間部同學尚未放學。校門口的工友老伯認得阿貴，看見他今天沒被同學揹著，而是騎著改裝的三輪機車進校門，好奇地看著他，同時問道：

「你今天怎麼這麼早就來了？」

「我訂製了這輛三輪機車，今天第一次騎，因為怕路上有狀況，所以早點出門。」阿貴回答著，同時問：

「我可以騎到教室旁嗎？」

「可以！但騎慢點，在教室旁盡量靠邊停，不要妨礙到別人通行！」老伯說道。

「好，謝謝您！」阿貴向老伯行個禮，微笑的騎進了校園。他的教室，在進校門紅樓右側的「明道樓」一樓。他慢慢的右轉，順著小道前行到底，再左轉就到了。一些較早到校的同學看到他的特殊機車，都很好奇地上前來問這問那，他也有問必答。

[筆者至今共使用了五輛改裝三輪機車。第二輛是進口的 HONDA 70cc，小巧可愛，第三輛是偉士牌，第四輛及第五輛則都是光陽 125cc。最後這第五輛，目前還在使用，皆是筆者人生不同歲月中求學、做生意、及公職生涯等各階段的好幫手。]

　　因為讀了建補，阿貴在南海路度過三年時光，因此對於附近的環境相當熟悉，尤其是牯嶺街的二手書攤，更是他常去之地。由於是夜校的關係，除了第一節課在傍晚以外，其他都在天黑之後，而放學時間，也都是夜間九點半、十點以後。這種日夜顛倒的上課方式，他剛開始時還真有些不適應。還好，大家都會協助他。例如，帶去的晚餐便當，同學會代為拿去集中蒸，蒸好了再幫拿回，放學時會幫背書包並放到機車上，諸如此類的事情，減少了他很多麻煩，學習上自也較無礙。

　　國文課及英文課他較喜歡，數學則普通，至於生物的解剖課，就整個令他雙手顫抖、頭皮發麻。

　　阿貴猶記得英文課採用的是「東華」版本，老師規定，每上完一篇，全班同學都要熟背，老師會在下次上課一開始時抽背，並列入平時成績考核。

　　為了出入教室方便，阿貴的座位，特別被安排在第一排第一個，卻因而成為容易被點名的熱區。而難道 Murphy's Law 墨非定律「越擔心的事越會發生」不假！果然，老師一上課就真的抽背了，隨即點了他的名字。所幸如同第一天騎車上學般，他早已有所準備，早將四、五頁的課文熟記得滾瓜爛熟。

　　當阿貴開始背時，全班鴉雀無聲，只聽他全程毫無間斷，發音正確清楚，一段段，一口氣地，將課文完整地背

完了，同學們立刻鼓起如雷的掌聲，老師也點點頭表示肯定，而他腦中卻一片空白，猶未回過神來。

上生物課時，老師將全班同學分成好幾組，每組發給一隻青蛙及一套解剖工具，要同學們將青蛙肚子剪開，在牠肚子受傷的情形之下，觀察青蛙心臟跳動的情形，他們這一組，決定將剪開青蛙肚皮的工作交給阿貴。當他右手拿起剪刀，左手拉起青蛙肚皮，卻是猶豫半天，遲遲下不了手，握剪的手因顫抖關係晃動得厲害，終沒勇氣將青蛙「開腸破肚」，最後還是由同組其他同學接手完成。課後，他完全無法記起，受傷的青蛙，心臟如何跳動，他唯一記得的，是他做不到將一隻活生生的青蛙肚子剪開，看牠肚破腸流的樣子。難怪平時看影片時，他最不想看見殘忍的血腥畫面了。

至於國文課呢！老師教學認真，尤其講授文言文，都以淺顯易懂的幾近白話方式，讓同學們很快就能意會或理解。特別於講解時，總不忘加入為人處世的哲理素材。阿貴記得國文老師曾經語重心長的對他們說：

「再過不久，你們都將畢業，各奔前程，也會繼續讀大學，大學畢業後會進入社會。老師在這裏要送給大家幾句話，那就是，若有一天在職場工作，千萬記得人外有人，天外有天的道理，社會上的能人高士很多，不要因為自己是大學生而心高氣傲，反而要以更虛懷若谷的態度與人相

對應，漫漫人生路才能走得順利平坦。」

　　老師同時舉了一個例子說：

　　「有一個大學畢業的年輕小伙子，自恃才高八斗，在順利考進一家頗具規模的公司之後，便以為能大展所長而有所作為，常常自以為是的處理一些與別人合作的案子，有一天，當他仍然以其「意氣風發、志得意滿」的態度處理事情，過程中不斷地造成與其他同事之間的緊張與扞格。公司一位年近六旬的老前輩走到他跟前，拍拍他的肩膀，笑笑對他說：『年輕人，凡事要多商量溝通，我也是大學畢業的呢！你看，這不也是要多聽別人的寶貴意見嗎？』說得這位年輕人頓感不好意思，當下尷尬不已。同學們試想，在現在大學聯招一試定終生、錄取率不高的年代，一位年近六旬的老先生就擁有大學學歷資格，是多麼的不簡單啊！而更值得學習的，是老先生謙虛的人生態度，大家說是不是呢？」

　　[筆者銘記老師的這段贈言，也踐行於自己日後的人生旅程中。]

　　＊　＊　＊

　　民國 63 年，阿貴自建中補校畢業，隨即應同等學力考試，並順利取得高中正式文憑，得以之報考當年度舉辦的大學聯招。

　　高中三年求學過程，阿貴學習認真、溫故知新，考前

更是設定計畫，廢寢忘食的衝刺。為避干擾，白天他選擇到學校開放給同學自習的教室讀書，晚間在家則每每讀到夜深人靜，當警廣的「Morning Has Broken」響起時，書桌上的燈依然通亮，而他仍埋首書堆中。

　　放榜的日子終於來到，當時各大報紙均會專頁刊登「大學入學考試試務委員會公告」的「錄取新生榜示名單」。阿貴一早就打開報紙，一遍又一遍，仔細的看，在遍尋不著自己的名字之後，他心知落榜了。手握報紙，一股失望、難過的情緒湧上心頭，獨自一人在房內偷偷的哭了。家人稍後也都知道這個結果，但大家都沒說什麼，只是靜靜的陪著他一起面對。

　　過了幾天，阿貴收到成績單，確定以 6 分之差，名落孫山之後，他嚐到了人生中第一次的考試挫敗感。但他知道，人生道路沒有一路順暢的，有綠燈就有紅燈，遇到阻礙，只有面對它，才是最好的解決方式。

　　阿貴擦乾眼淚，告訴自己：

　　「落榜已是事實，你可以哭，可以難過，但負面情緒無濟於事，必須提出有效的作為，絕不能就此被擊倒，應重新思考未來的路該如何走下去，堅定信心，難關自過。」

　　心情沉澱之後，阿貴決定重考，他將這個想法告訴母親，並表示要去補習班報名課程。

　　「天下父母心」，母親當然支持他。她說：

　　「我跟你父親，都沒讀什麼書，你的幾個兄姊也都在小學畢業後就去當學徒，『讀冊』（台語）這件事情，沒有能力幫助你們，你們必須靠自己，如果能讀就盡量去讀，其他的不必擔心。」

　　阿貴知道，家裏的經濟並不寬裕，但父母為了支持他讀大學的這個決定，肯定會增加負擔。他下定決心，一定要考上大學，而且是國立大學。還好，弟弟比較棒，考上了國立中興大學的企管系，減輕了父母許多負擔，也算是間接幫助了他。

　　當別的同學正為考上他們理想的學校而歡慶、而欣喜於準備他們的入學事宜時，阿貴也開始了他的重考之路。

　　「此人以為喜之時，他反以為悲。」[7]他知道，這是一條孤獨與寂寞的道路，然而，他必須無畏且堅毅的獨行於其上。抱持一定要成功的信念，他在熟悉的南昌街，洽詢到一家「勝利文理補習班」，並報了名。

　　重考的這一年裏，阿貴每天早出晚歸、如同上學般，規律地到補習班上課，下課一回到家，吃完飯、洗好澡，他就執行起自己擬定的讀書計畫。他沒有休閒，更無娛樂，白天上課，晚上讀書的作息成了他生活中的全部，因他終知「夯雀兒先飛」[8]的道理，而陪伴他的，依然是那首

7　《紅樓夢》程乙本第 31 回。
8　《紅樓夢》程乙本第 67 回。

「Morning Has Broken」。

　　＊　＊　＊

　　民國 65 年，皇天不負苦心人，經過一年來昏天黑地、沒日沒夜的補習歲月，阿貴終於順利考上國立政治大學中國文學系。政大離家近，他依然可騎著他的三輪機車上學。

　　阿貴開心極了。而相由心生，一個人的欣喜之情是藏不住的，父親雖然嚴肅表情依舊，母親也如以往般不善言詞，但他看得出來，他們的內心是欣慰的，一切為子的辛苦都值得了。而他也放下自己心中那塊「讓父母擔心、勞累，覺得很對不起他們」的巨石。

　　這時期，因為外婆家的三合院要改建為公寓住宅，阿貴他們家再次搬家到下崙路母親以貸款方式買下的二層樓透天厝。家裏面的生活秩序，也沒有因為他的考上大學而有什麼改變，倒是他有了一個打工機會。

　　大哥在內湖與人合夥開了一家車床工廠，主要製造與鋁門窗零組件相關的項目。剛好廠裏接了許多訂單，生產線急需人手。大哥見阿貴賦閒在家，離開學還有相當時日，便想到將一些零組件的組裝工作發給他來做，論件計酬。有錢賺，又可以度過漫長的暑假空檔，他當然樂意。

　　這工作雖說是家庭代工性質，但卻是他第一份有收入的工作。而且他只負責組裝，其他載運的事，皆由大哥負責。大哥說：

「這工作很簡單，需要組裝的是用來鎖在鋁門窗下面，供窗子可以輕易在窗軌上移動的輪子。」藉著運回的組裝資材，大哥示範了組裝程序。

其零組件為：小鋼珠、塑鋼輪框（中間有輪軸孔，內圈有溝槽）、輪框蓋（中間有輪軸孔）、金屬輪架（支點處有輪軸孔）、輪軸釘（類似鉚釘但較長）、潤滑用 Grease 固態黃油。

工具也非常簡單：鐵鎚、H 型鋼（敲擊輪軸時墊用）、細長小鋼片（沾黃油及填充小鋼珠用）。

組裝方法：將小鋼珠固定顆數沾上黃油，填滿塑鋼輪框內圈溝槽中，蓋上輪框蓋，再取輪軸釘及金屬輪架各一，將之串接在一起，然後一手握放於 H 型鋼上，另一手持鐵鎚敲擊輪軸釘沒有鉚頭的那一端，使之固定在輪架上，接著檢查並試轉至滑順即可，最後以一袋 50 個計數裝入塑膠袋便大功告成。

剛開始做時，阿貴組裝好一個即敲一個，但感覺太沒有效率了，後來他將同一步驟的工作集中做，發現快多了。漸漸地，他不但做出了心得，也做得很開心。而且，這工作的好處是，可以輕鬆在家做，不必日曬雨淋，做累了還可以隨時休息，喝水吃點心。

幾天後的一個上午，大哥來電話了：

「阿貴，你明天能不能先趕 500 個給我，後續我還需

要 1,500 個，幫忙一下！」

「好！沒問題。」阿貴狀似輕鬆的答應了。

放下電話，阿貴檢查了一下自己已經做好的部分：

「哇！才 300 個不到。看來必須卯足全力，先將明天要的 500 個準備好再說了。」

一直到晚上九點多，他只先將差額部分組裝好，但尚未上 H 型鋼鎚定。第二天吃完早餐，他立即埋首於敲打鉚釘的工作中。200 多個，敲打了一個多鐘頭才完畢，也順利讓大哥在中午時分取走，趕送給客戶。

阿貴這才知道，大哥的工廠屬於鋁門窗相關各式配件及材料的上游，平常必須備料齊全充足，以應中盤商或零售商隨時的叫貨需求。

大哥驅車離開後，他知道必須爭取時間，趕緊組裝另外 1,500 個。一旁的父親見狀，表示可以幫忙。於是父子兩人同心協力，由他先完成小鋼珠的填裝，及塑鋼輪框加蓋的部分，再交給父親以輪軸釘串接，並將無鉚頭的那一面向上，排鋪於地，這樣他就不用浪費時間翻面，待組裝到相當的量之後，他再一口氣一一將之鎚定，旋由父親計數裝袋。1,500 個，在父子通力合作暨晚上加班趕工之下，以兩天的時間完成了。第三天，大哥回來取貨的同時，又送來新的零組件材料。

直至開學前，阿貴也不知道他到底組裝敲鎚了多少個

輪子。這家庭代工的工資，是以月結的方式處理，每次大哥來取貨時，會讓他簽單據（一式兩份），註明日期及數量，月底結算，隔月上旬支付工資，而他早已決定，要將之悉數貼補家用。是以，都由大哥直接交由母親收執。

阿貴本以為組裝工作會隨著他的暑假空檔結束而停止，不想他開學之後，大哥工廠的訂單持續不斷，仍然有組裝人力的需求，希望他能繼續幫忙。考慮到自己未來在學校各項開支、書籍購買、及零用花銷等費用勢必增加，也為了減少家裏的負擔，他決定繼續這家庭代工的工作。

阿貴很慶幸學校離家近，騎車十幾分鐘就到了，讓他可以相當機動的「學校課業」及「家庭代工」兩者兼顧。為了不耽誤交貨時間，開學後，阿貴將工作適度安排在必修與選修課程的空檔之間，例如：星期一的第一、二節有課，第三、四節及第五、六節沒課，而第七、八節又有課，這樣，他就可以在第二節下課後，立刻回家進行組裝工作，一直到下午第七節上課前再回到教室即可。父親則會在他去學校上課的時間裏，先行前置作業。

不想這家庭代工的工作，竟讓他們家樓下的那個房間，成了小型工廠。

在內湖開工廠的大哥，開發的產品越來越多，組裝的工作量也越來越大。除了鋁門窗輪子外，阿貴還做過「地絞鏈」的內部關節零組件，及「門弓器」的組裝（含油壓

調整）。這個如同半工半讀、算是黑手的工作，雖然佔去了他不少時間，也一直到他大學畢業、外出謀職時才停止，但他相當感激大哥當初這樣的安排。因為，它的工資還算不錯，4年來，也的確稍有改善家裏的開銷用度。

＊＊＊

對於當年能夠考上大學的許多「阿貴」來說，「政大」並不是一個無障礙的環境。

六〇年代對於「殘障福利」的看待，社會的氛圍，甚至身障者自身，都存在著「身體有缺陷就安份一點，少惹麻煩」的觀念。對於「身心障礙」方面軟硬體的建置，特殊性如「啟明」或「啟聰」，是採集中式的，較易管顧，但於一般普通學校，卻遠遠不足，其應有的權益，仍然根深蒂固的被忽略。

[關於「無障礙環境」，筆者自己有個定義，即是：

　　一個身心障礙者，特別是輪椅族，若他想看場電影的時候，從家中出門，自駕或選搭適當的交通工具去到目的地，隨即能自轉輪椅到達戲院，並順利地買票、入場觀賞，且全程獨力完成。

但是，筆者始終無法如此獨力去看場電影，因為這樣的無障礙環境，自小並不存在於所生存的時空之中。]

阿貴很難忘記開學第一天在學校的用餐經驗。

因為時間關係，他早經稟知母親不回家吃午飯，原也

準備就在學校附近覓食。不過,在新生訓練時,他得知學校有餐廳,就想:

「很方便嘛!那今天就去那兒吃吧!」

但是,當阿貴騎著三輪機車來到餐廳前面時,這才發現還必須先爬上十來級階梯,始能進得了裏面。艷陽高照的正中午,太陽直曬得人全身發燙,當下他猶豫了:

「還是進去吧!總不能餓肚子!下午還有事呢!」

為了怕供餐時間過了,阿貴只好拄起枴杖,一級一級慢慢往上爬,待進得餐廳。他環顧了一下,不覺暗道:

「哇!人好多!」

此時的阿貴,已然汗流浹背,只好先找了個位子坐下。這才發現餐廳採自助式,大家都排著隊,托著餐盤,打菜領飯。他是班上唯一的身障生,才開學也不認識什麼人,正煩惱時,突然看見班上剛認識的一位黃同學。經同學協助,他才順利吃上學校餐廳的午餐。而這次也是他四年大學求學期間,進入學校餐廳的唯一。

至於教室,對於阿貴來說,當時不管什麼文學院、法學院、或商學院,一旦課排在任何學院的二樓以上,他就必須爬樓梯,儘管這時他已換騎第二輛的 HONDA70cc 機車,課間教室的移換,雖尚稱方便,不過因為自己行動緩慢,他仍必須提早到校,才能夠準時進教室,並得有幾分鐘稍作休息的時間。

　　而「政大中正圖書館」，是校園內同學們最常去的地方之一，據說館內藏書極為豐富且多元，尤其是考試之前最佳的Ｋ書地點，但整棟建築蓋的方式就像餐廳一樣，在館前有著更長、更多級的階梯，讓他每每進去的念頭既起，都不得不望之而卻，是以四年期間，他是連「唯一」都沒有。

　　[倒是位於新北市中和區的「國立臺灣圖書館」，無障礙設施做得很好，某種程度，符合筆者「無障礙環境」的定義。而之所以因緣際會來到臺圖，乃因舉家搬遷桃園後，妻子因眼睛求治需要，得知圖書館附近有一位中醫師，以針灸療法，對於治療視神經萎縮著有療效，尤其針刺「睛明及球後穴」，更是別的中醫師所不敢進行的方式。但中和地區車位難求，經數次前往，這纔得知臺圖地下室可停。在後來的時間裏，筆者即先送妻子至中醫診所，再將車子直接開至臺圖地下室停放。在妻子針灸時的空檔，會搭電梯到達一樓，如果想到二樓以上，可以再換搭電梯，即便是輪椅族，也能夠自己輪轉到達每個樓層的任一書架，選擇自己所要借用的圖書，並且層層有無障礙廁所。一樓的電腦區位，還特意保留了數個位子，專供身障者申請使用，真是方便。也因此，筆者在該館也辦了張借書證！]

　　再有一次，學校舉行考試，他的應考位置竟被安排在「四維堂」的樓上，害得他費盡九牛二虎之力、氣喘吁吁，

才辛苦地到達自己的座位。

[四維堂正對校門，是政大最主要的禮堂。採中空建築設計，所謂的樓上，無寧說是面向講台呈Ｕ字型高於一般建築二樓高度的三邊平面夾層，坐於其上，可以直接看到一樓的整個狀況。後來，他們那一屆的畢業典禮，學校安排在這裏舉行，即是因為與會者皆能目睹典禮的全程進行！]

「勿以善小而不為」。當時筆者心想，若主事者能多有一份同理心，考量到身障者的需要，而將其試場座位安排在一樓平面，該有多好！]

經過一學期的適應與學習，大一上學期終於結束。期末考後，只見同學們三三兩兩地討論著試題內容及各自的應對解答，他們還提出許多試題以外的國學資料，在阿貴聽來，他們都好有見地啊！自己卻如同「鴨仔聽雷」般，完全狀況外。

而放寒假對於許多同學來說，是很開心的事。但是，阿貴卻總有一種悵然若失、不知虛實的感覺。曾自問：

「我到底學到了些什麼？」

寒假期間，阿貴雖依然做著家庭代工的工作，但心中對於一學期以來的學習，慚鳧企鶴之感始終未去，一直苦思著如何突破及解答這個問題。過完農曆年，大一下學期開學後，他試圖尋求班導「周老師」的協助。

　　某天下課後，阿貴向周老師提出了自己的苦惱問題。兩天之後的下午，周老師與他約在了「社會科學研習中心」前面。這地點，是校園內較偏遠的地方，頗適合談話。周老師很隨和地與他一起坐在中心前的石階上。談話中，老師了解到他應該是適應及方法上的問題，當下除了鼓勵他做學問要有耐心，不必相較於人，也不要操之過急之外，也提供了他許多研讀相關書籍的方法。師生兩人足足聊了一個多小時，結束前，老師對他說：

　　「知道問題所在，也了解方法，其餘就看自己要不要下定決心去執行了。別人的強項，也許正是你的不足，但只要設定目標，專心一意朝它前進，每天多做一點，目前雖覺不如人，焉知兩、三年後，不會有一番新風貌出現呢！」

　　[「凡事豫則立，不豫則廢。」周老師的這一番話，深深地影響了筆者往後的人生，更自老師所提點的觀念中，了解到遇事不必一定得無往而不勝，但卻必須要謀定而後動的道理。]

　　畢業時的謝師宴，周老師更主動來到阿貴身旁（師生晤談之事，雖已時過 4 年，但兩人都沒忘記），她特別再一次寓意深長地對他說：

　　「恭喜你畢業了，希望你以後一切順利。老師想跟你說，社會不比學校單純，出了校門，凡事不要攀比於人，也勿汲汲營營於名利之追求，一切皆做自己，創造自我價

值，好好過日子，順遂平安便是幸福。」

　　[筆者非常感激周老師，不但在大一時以「千里始足下」開解自己不如人的自卑感，更在畢業臨入社會前夕，用「自比不比人」、「平凡平安勿汲營」的話來提點自己。多年來，筆者謹遵師誨，凡預為規劃事項，皆以3至5年為度，待達成目標，再予新籌，絕不好高騖遠，一生雖然平淡無奇，沒有顯赫資歷，惟仰不愧天，俯不怍人，日子過得倒也平平安安，順順利利。]

　　民國69年，阿貴大學畢業，人生也邁入另個里程碑，面對未來的許多未知與不確定性，他確實有了「繼續報考研究所」或「進入職場」的選擇維谷，而取捨之間，他更是思緒迷惘，也舉棋不定！

筆者與大哥(右)暨弟弟合影於寓所前

一剪梅

紅藕香殘玉簟秋，輕解羅裳，獨上蘭舟。

雲中誰寄錦書來，雁字回時，月滿西樓。

花自飄零水自流，一種相思，兩處閒愁。

此情無計可消除，才下眉頭，卻上心頭。

—— 宋・李清照

　　李清照〈一剪梅〉「此情無計可消除，才下眉頭，卻上心頭」句，獨留千愁細細添，正是阿貴心情的寫照。

　　妻子的罹病，進而失明，是阿貴此生最感揪心的事。如果不是為了與他胼手胝足，共同創業，她或許不會罹此SLE 重症。

　　多年來，此疾病呈現在妻子身上的癥狀，可謂千奇百怪，若季節變換則常致身體不適，或雷諾氏症現象導致血液循環不良，有時也會有好幾天的胃部難受，甚至突然感到天旋地轉而暈眩不已。有時好些了，忽而又覺不舒服。

　　面對妻子百變的病情，每每讓他無計可施，疼惜、不捨、擔憂之餘，更無良策相寬慰，祇細心陪伴能為。

此情無計可消除

　　阿貴大學畢業之後，一併停止了家庭代工的工作。雖然他一度計畫要繼續攻讀碩士學位，希望能在具備一定研究能力後，得探中國文學更深堂奧，並無負周老師「做學問」之諄諄提點。但另一方面，他同時考量到身障生所處社會的不友善環境，自己即便忝具陽阿薤露之資，若「體檢問題」與「有礙觀瞻」之設限理由，及「能否勝任」之排擠現象未去，則恐曲之彌高成為自己將來學術教職路上的阻石。內心幾度反復盤駁，他終究務實地放棄了考研這個念頭。

　　阿貴做出決定之後，旋在秀蘭義妹介紹下，去到當時正值籌備期的階梯英文雜誌社，幫做一些簡單的剪貼工作，將翻譯社譯回之中、英文字稿，逐一剪下並遮貼到擬翻譯書冊上的適當位置，貼時必須「譯文」、「書冊」內容兩兩相符，且不能歪斜。

　　雖然這個工作是屬工讀、臨時性質，但正因為他了解到一個身障者尋覓工作的不易，所以，他不但不以為意，反而認真及用心地完成所交付的工作。

　　剪貼工作告一段落後，雜誌社老闆找阿貴面談，欲進用他為正職人員，按月計酬，並言明薪資將依學歷及能力核給，惟必須先有三個月的試用期，他當然同意。同時期與他一起進用的另有兩位女同事，一位是某國立大學英文系畢業的高材生，另一位則是年紀較輕的高職畢業生。

　　做了一個多月的剪貼工作，阿貴對於雜誌社的環境，也算是熟悉了，他相信自己一定能夠勝任所交付的工作，開始上班後，積極認真，不遲到早退，工作態度極佳，努力爭取通過試用期。

　　第一個月，老闆按時發了薪水。坦白說，當阿貴拿到薪水袋時，先是期待與開心的，但等到他打開袋子之後，剛剛愉快的心情瞬間消失了。與此同時，他想起了周老師「汲汲營營」的教誨話語，舒了一口氣轉念想：

　　「我應稍安勿躁，動不失時，等試用期滿正式錄用了再決定。」

　　三個月的試用期很快屆滿，阿貴也正式被錄用了。第四個月，他發現所領到的薪水數額，與前三個月毫無二致，並未有任何調整。他心中不免起了疑問，本想直接去問老闆，但聽說老闆有事沒進公司而作罷。他轉而詢及兩位女同事，這才得知原來他是被以高中生核薪，因為那位高職生四個月來，每月所領薪資，與他相差無幾，而那位國立大學英文系畢業的高材生，卻是每個月整整比他多出了

3,000 餘元。他不免自問：

「難道真是我能力不足？」

阿貴其實心裏明白，原因應是自己的「身障」因素。雖然他盡量不這麼想，但擺在眼前的卻是不折不扣、活脫脫發生在他身上的事實。或許是他血氣方剛、心高氣傲，也或許是他能力真的不如人，但他實在無法、也不願意接受如此充滿差別性的對待。第二天，他就提出了辭呈。

這是阿貴人生第一次失業，鬱悶心情沉澱了幾天之後，他告訴自己：

「我不能這樣自怨自艾下去，應該要好好自我檢討、謀求對策才是。」

阿貴打起精神，整理自己書桌上的書籍物品，準備重新出發，再覓他職。突然，他看到一本自己平常登錄親友電話號碼及地址的子冊子，拿起它隨意翻了翻，在其中一頁看到了一個熟悉的名字——「柯惠美」。他想起了之前她來家裏補習英文，自己卻沒能幫上忙的情景，心中覺得對她實在是過意不去。於是，他依著電話號碼按撥過去，接電話的人說她去上班了，但下班後接著去上夜校，要晚上10 點以後才會回來，他簡單介紹一下自己，並留下號碼。

當晚 10 點多，阿貴書桌上的電話響了，他拿起話筒：

「喂！你好！」

「你好，請問方先生在嗎？」話筒那端傳來女子甜美

的聲音。

「我就是，請問哪裏找？」阿貴問道。

「我是柯惠美，還記得我嗎？之前你曾教過我英文。」女子說出了她的名字。

「記得！記得！上次英文的事真不好意思，沒能幫上忙。」阿貴對於她來學習英文的事，再次表示歉意。

「這跟你沒關係，其實那時我也很忙，真的也沒什麼時間去木柵，後來就只在夜校的英文課中學習而已。」她回應道。

「妳白天上班，還兼上夜校，真不簡單。」阿貴表示肯定她的努力與好學。

「還好，下班接著上課，已經習慣了！」她回答。

兩人又聊了一會兒。

「那就這樣囉！保持聯絡，晚安！」阿貴準備收線了。

「晚安！」她回道。

就這樣，兩人再度聯繫上，言談間，似乎還頗愉快。

想要再找工作的阿貴，因為自己是學文的，是以攤開報紙之求職欄，目標仍然鎖定在出版社、雜誌社等文職類的範圍內，但一直沒能如願。想起曾經的家庭代工，經連繫，大哥知道他是一時找不到工作，想暫時棲身工廠，剛好廠裏也需要人，便答應了。但因為大哥是與人合夥，是以，只能給他一般的工讀薪水。

　　時值季秋，氣候微涼，從木柵騎車到內湖，倒也還好。但為了不遲到，阿貴每天必須很早就出門。而有時工廠需要加班，收工時間如果較晚，他就會在大哥內湖家過夜。

　　工廠的工作，其實具有危險性。有一次，阿貴操作砂輪機磨「地絞鏈」要用的鐵片，不料鐵片才一碰砂輪機，細小碎屑突如火花般噴薄飛出，他頓感眼睛刺痛，隨即無法睜眼。他知道一定是著了小鐵屑，但他不敢用手去揉，只拉了拉眼皮，希望它會跟著眼淚流出，但是沒有用，試圖用水沖法，可也不行，只好閉著一隻眼睛騎車，請假到同事介紹的診所求治。

　　醫生透過儀器，一下子就將鐵屑取了出來。他頓覺如釋重負，眼睛刺痛感不再。

　　「可以了，你眨眨看，還會感覺刺痛嗎？」醫生問。

　　「不會了！請問我是什麼情況呢？」阿貴問。

　　「眼球表面有個小小的鐵屑，造成表皮有些受傷，我開點消炎藥水，你按照用藥指示點即可，很快就會好的。」醫生回答。

　　「眼裏揉不下沙子去。」[9]可一點也不假，阿貴想。

　　再有一回，因為「門弓器」噴漆之前，必須使用化學溶劑刷洗，以確定它的表面乾淨無油漬，銀漆才噴附得著。

9　《紅樓夢》程乙本第 69 回。

工廠本來有提供橡膠手套，但剛好用完，噴漆師傅又催得急，他只好裸手直接操作。當天洗完之後，他看看自己的手，好像沒怎麼樣，也就忘了講橡膠手套已用完的事。

這樣連續操作了數天，他突然發現自己手指皮膚脫皮了，接著呈現出潰爛現象，他趕緊去皮膚科掛號，醫生叮囑他必須立刻停止接觸那種溶劑，同時開了藥膏給他，過了幾天才見轉好。

「還好有驚無險！」阿貴著實嚇了一跳。

[透過這些親身經驗，筆者了解到職場職業傷害的可怕，以及職前訓練與防護用具的重要。因為只要稍一不慎，就可能付出慘痛的代價。但當年的工作環境，對於受僱者來說，是艱困的，有工作做，有薪水領就很不錯了，哪能奢談其他。]

接著，一年一度的尾牙日子到了，工廠也在餐廳辦了晚宴，犒勞所有員工。阿貴雖才來不久，也得以參加，更幸運地得到了一個紅包。由於他尚需騎車回木柵，是以並沒有喝酒，應該說，是唯一沒有喝酒的人。

席中，大家開心的吃喝著，聊著各種八卦，酒過三巡之後，大哥的合夥人這時突然換坐到了阿貴這桌，趁著幾分酒意，跟他套近乎，最後突然問了他一句話：

「貴仔！你準備要做到什麼時候啊？」

而這句話，當下問得他啞然了。阿貴雖不了解大哥的

合夥人這樣問是什麼意思，但他心謂一定是嫌自己產能不足，或身障關係只能定點工作，無法接受靈活調度幫忙搬運資材等，早就想打發他走了。

散席後，大哥揹著阿貴來到機車旁，他將剛才發生的事告訴了大哥，大哥卻沒說什麼，只叮嚀他：

「晚上視線不好，你小心點騎！」大哥的反應表示早知此事。

阿貴取出鑰匙，發動機車，卻顯得有點心不在焉。對於大哥的話，他似乎聽見了，又好像沒有，一路上腦際中一直盤想著它。不過，在到家之前，他已經知道該怎麼做。

第二天上午，阿貴打電話去工廠，接電話的人剛好是大哥。他向大哥口頭提出辭職，表示經過昨晚之事，自覺不適合再待下去。

「也好！工廠也不是你久待之地，那你接下來有什麼打算？」大哥問。

「我會自己安排，謝謝大哥這段時間的照顧，希望沒給你添什麼麻煩。」阿貴回答。

放下電話，阿貴沉默許久，獨處了好一陣子。他雖心裏有數，當初即知這黑手工作只是暫時，早晚都得離開，只是最後竟以如此方式結束，仍讓他耿耿於懷，思緒不免又陷入身障者被「設限」之漩渦中。

「難道必須如此無奈、只能由人不由己的接受這宿命

嗎？不！我一定要改變它。」阿貴在心中對著自己說道。

　　但總不能紙上談兵吧！衡量事實，自己什麼都沒有，又是個世俗眼光中「有礙觀瞻」的殘障者，這第二次的失業，再度讓阿貴陷入了苦思。

　　晚間到了約定時間，阿貴撥電話給惠美。經過近半年的交往，兩人幾乎一、兩天就通一次電話，並且已熟稔到直呼對方的名字了。電話中，他將自己辭職之事，以及「為何」及「什麼情況下」做出這個決定都說了，她聽完之後，說：

　　「你讓我想一想，我們今天先不討論這件事好嗎？你也放鬆心情，不要給自己太大的壓力。」

　　兩人又閒聊了些其他有趣的事，才依依不捨地結束通話。隔天晚上，阿貴期待的電話鈴聲再次響起。

　　「阿貴，我跟你說，我想到一個解決的辦法了，那就是你可自己創業！」

　　「創業？可是我什麼都沒有！而且，要做什麼？……」阿貴提出一連串的問題。

　　「對，自己創業！求人不如求己。今天，我利用午休，仔細看了報紙刊登的『事求人』徵才廣告，發現許多公司行號都在徵求『中打』，你也可以朝這個方向思考！」她興高采烈的在電話那頭說著。

　　「妳是說中文打字嗎？鉛字的那種？」阿貴追問。

「對！」她回答。

「可是，我不會！我沒接觸過。」阿貴提出了自己的缺失。

「不會可以學習！沒有誰一開始就會，你讀中文系，最熟悉中文字了，做這個應頗適合。我有位朋友住三重，她就是在做家庭代打，就是接稿子回家做。我可以跟她聯繫一下，看看願不願意教你。」她繼續說著。

「可是，我沒有打字機，怎接稿？」阿貴又提出問題來。

「這你不用擔心。重點在你是否覺得可行，願意試試？你不妨想一想再下決定。」她最後說。

之後，經過兩人不斷地討論、研究與分析，阿貴接受了她的創業建議，並開始到三重學習打字機的操作及技巧。

再幾天之後的一個星期假日，惠美來到木柵與阿貴當面討論一些細節。他對她說：

「我原本以為中打很難，不想只去 3 次我就學會了，我覺得應該可以不必再去。因為我那麼遠的去，除了第一次她有教我認識機器及操作方式外，其餘兩次，都只是讓我照著報紙內容打，也沒再新教我什麼，反而說我打的字，色墨很均勻呢！」

「既然已經學會，那就買機器！有了機器，若尚未接到稿子，也可在家練習。」原來惠美早就計畫好要如何協

助他購買機器，及如何洽接稿件了。她接著說道：

「我準備標一個會，向三重朋友介紹的事務機行趙老闆買一部中文打字機，作為你創業的開始。我也會幫著在報紙上看『誠徵家庭代打』的廣告，尋找稿源。」

「妳標會為我買機器？這怎麼可以！」阿貴忙道。

「工欲善其事，必先利其器，有機器才能接稿！只是萬事起頭難，你倒是要有心理準備！」惠美笑著說道。

「經過這些日子的接觸、討論與學習，既然決定自行創業，我已想清楚，也準備好了，謝謝妳為我所做的一切！」阿貴感激的回應道。

「我們之間何必談什麼感謝之詞，一起為未來努力吧！」惠美握住他的手說道。

「好！」阿貴頷首應著。

「成人不自在，自在不成人。」[10]阿貴告訴自己，一定要有「去取在勇斷」[11]的果決態度，才無負她的真心對待。

幾天後，打字機送來了。阿貴摸著這部嶄新的機器，心中滿是感動與感謝。說來也真是膽大與不可思議，僅憑著「3次的學習經驗」、「標會買來的機器」、及「報紙的『事求人』廣告」，他這「創業」之路就此展開。

一天下午，阿貴正在練習打字時，電話鈴聲響起，他

10　《紅樓夢》程乙本第 82 回。
11　宋・歐陽修《讀書》。

才拿起話筒，耳際立刻傳來惠美興奮、愉快的聲音：

「阿貴，有稿子了，我接到稿子了！」

惠美將接洽的情形告訴了阿貴。原來她利用午休的空檔，依著報紙的電話，順利地洽接到公館一家打字行外發的稿件。這家打字行，專以武俠小說類為主，最近業務量大增，自己無法完全消化，而其客戶又趕著送廠排版印刷，稿子催得急，於是登報徵求家庭代打。

她洽詢時雖然了解到「以 25 開版面計算，一頁 25 元，紙張由打字行提供，一個月結算一次，但要完成一校後的改稿工作。若 1 頁雖然只打 1 行，也算 1 頁。」的二手外包條件並非很優，但仍應允下來，只因「有」總比「無」好，且稿件會持續供應。然而，最主要的原因，是阿貴正處摸索與學習階段，有錢賺又可利用它來練習，同時看看別人是如何設計版面，又是怎樣編輯完稿，實是一舉數得之事。

阿貴聽後，非常同意她的想法與決定。待稿件取得後，他不但打得踏實，且充滿希望感。由於他尚是新手，對字盤尚不很熟悉，但手上的稿子急，打字行拜託是否能趕工，所以，她會在假日時去木柵，在一旁利用「字表」幫忙找字。

打字機的字盤，約 A2 紙張大小，縱橫設計成 2,000 多個小鐵格的網狀鐵盤，每個小鐵格中，放入長寬約 0.4 公

分的鉛字，中間部分是常用字，兩旁則是從旁邊的字盒中挑揀出來的罕用字。為了提高效率，及更快速正確的登打，練習過程中，阿貴須熟記每個小鐵格中是什麼字。他也學習不看機器，眼睛盡量只看稿子及鍵盤上的鉛字，打了一陣子之後，聽到打字機發出「噹」的一聲，他左手隨即往滾筒的左邊伸去，壓住換行桿，將滾筒推往右邊另一行的起始定位點，接著重複剛才的揀字、敲打動作。

「找到了！」她說。

「這個是罕用字，不在字盤上啦！」阿貴搖搖頭說。

有時兩人一個找，一個打，倒也衍生許多樂趣。

「一回生，二回熟。」雖然剛開始時，阿貴打得不快，但漸漸地，他就相當熟悉字盤上鉛字的位置了，看文即能立刻知道字在哪，可以很迅速的找到。

有一回惠美來了，見阿貴正聚精會神地打著字，就靜靜的坐在旁邊沒有打擾他。只見他左手折捏著原稿，同時輕握能左右移動的字盤桿子，右手握著可前後左右移動的揀字桿（字錘），熟練地選夾看起來是倒映的中文鉛字，然後手略一使力按下，打字機立刻發出「啪噠」聲響，所選鉛字瞬間被夾起，將色帶油墨打印在滾筒上的白色雪銅紙面，而每打一字，滾筒就往左移動一格。

待告一段落，阿貴動了動身子，準備喝口水休息一下時，這才發現她來了，驚喜道：

「啊！妳什麼時候來的？我都沒注意到！」

「看你專心打著字，沒吵你。怎麼樣？會累嗎？一個人打字是不是很無聊，又很枯燥乏味呢？」她關心道。

「不會啊！能練習又有錢賺！怎會累！」阿貴回答。

阿貴的創業之路，在兩人一起從學習打字、購買機器，到尋找稿源等摸索階段之後，終是慢慢地步上了軌道，而彼此經過這段時間的交往，相知相惜，兩心相屬，感情也越來越穩定。

民國 70 年，有情人終成眷屬，兩人決定攜手共築「貳人同心」溫暖的家庭。婚後，她仍繼續上班。只是，公司在新莊，原本從板橋去較近，現在從木柵變得更遠了，她必須更早出門，也更為辛苦。

民國 71 年，女兒誕生，妻子也辭去了工作。她向阿貴表示，要親自撫育女兒，同時與他共同打拚，一起經營打字工作。

對於阿貴而言，妻子的加入無疑是強而有力的生力軍。只是看著她家庭、工作兩頭焦灼忙碌，要照顧女兒、整理家務、料理三餐、又要協助打字事宜，他實在是深為不捨。

兩人也都了解，二手稿只是進入中打行業的敲門磚，以同樣的時間，一定要想辦法開拓第一手的稿源，化被動為主動才是。腦筋靈動的她，總能契合地提出如何改進之

經營策略與做法。為了利於對外行銷，妻子提議先印名片，並取「同心」為名，她說：

「因為創業這條路，只要我們兩人同心協力，就一定能成功。」

接下來，他們利用交稿後、新稿尚未開始的空檔，騎著改裝的偉士牌機車，依照早先從報紙上摘錄下來各公司行號「誠徵打字」的廣告資料挨家去拜訪。

初始，兩人為開發稿源，投入了相當的時間及心力，卻往往得到的結果只能是「留下名片，等候通知」。這其中的艱辛心路歷程，只有經歷過推展業務、開發新客戶的人才能深切體會。

惟儘管辛苦，終於「皇天不負苦心人」，經過他們鍥而不捨的訪求之後，開發客戶之路，陸續有了正面的回應。漢口街的「聖心補習班」及「德蘭打字行」，羅斯福路的「知音出版印刷公司」，以至於南京東路的「華馨出版社」等，都給了他們機會，也因他們合理的報價，誠懇的態度，及優質的打字品質，這些新開發的客戶，都一試而予肯定，且持續供稿。

雖然，聖心、華馨等稿源充足，價格也比二手高，但他們是專以出版教科書為主，故有其季節性，也就是淡旺季。每當他們的稿子進來時，阿貴一個人根本忙不過來，況且打字是純手工的活，只能以時間換取，實在無法量產。

經評估之後，決定購買第二部打字機。

　　但打字這種工作，忙碌時常需加班，兩部機器齊發，仍無法滿足客戶的需求，閒下時卻只能接些零散稿子。自知「同心」是屬於躋身巷弄之內的家庭式性質，為了能夠讓更多的人知道「她」的存在，更多有打字需求者上門，阿貴以政大校友身分，印製了廣告宣傳單，張貼在校園的布告欄。果然，此舉得到了許多同學的介紹，也獲得了許多碩士班、博士班學生口試論文的印製機會。

　　基於「錯誤率極低，製作品質佳，價格又合理，且是校友所經營」的口碑，廣受同學們的信任，這「論文印製」沒多久成了「同心」最重要的業務項目。凡曾將論文送來店裏付梓過的同學，畢業之後，都會口耳相傳介紹給有需要的學弟妹。是以，每年農曆年才過，即會有同學登門洽訂打印事宜。不想，剛開始做論文的第一年，就從年初整整忙到暑假開始後，夫妻倆雖心喜有生意上門，但也實在應接不暇，兩部機器，始終沒有停止過。此後每年的春天到鳳凰花開時節，都是「同心」最為忙碌的時候。

　　由於論文口試時間一經確定，必須依其字數估算好每一份論文所需的工作時間，一旦應允承接，就必須秉持誠信，依約完成。而口試時只需先製作 5 至 7 本供提送審查，等通過了才會再加印 50 或 100 本，所以阿貴會送去公館同行處請其代工。但是，每每論文完稿時，口試時間也迫在

眉睫，往往為了趕送印製而疲於奔命。一來需專程送去，而同行卻無法立即處理，常常取回的時間在兩、三天後，雖經一再拜託，仍無法達到「早送晚取」的時間需求；二來請同行代工，除打字工資外，根本毫無利潤可言，夫妻倆深知這種「送印代工」做法非長久之計，但由於創業之初，因資金有限，採取的是「收入一元投資五毛」的經營方式，故也就沒有購買影印機，而只能將辛苦勞累往肚裏吞了。

　　有一次，好容易一份論文打字完稿了，卻未能立刻送印，原因是同行因工作滿檔而排不進去。眼見學生口試時間在即，阿貴面臨了除非自己影印及裝訂，否則恐無法依照約定時間將 5 本論文交給學生的窘境。

　　「我們自己買影印機？」妻子建議道。

　　「可是，如此一來，我們的周轉資金就所剩無幾了！」阿貴雖同意，但也憂心資金調度問題。

　　「先過眼前這關再說吧！」妻子道。

　　「也只好如此！」阿貴道。

　　以分期付款方式買好影印機之後，雖可自己印了，卻又發現，裝訂好的論文，沒有裁刀機將四邊修齊，只好用美刀工及鋼尺，細心的，慢慢的，一本一本的裁割。在乍看尚可，並獲得學生的理解與接受後，總算度過危機，免於開天窗。

　　基此，復考量嗣後論文裝訂裁切需要，爰再以 25,000 元價格，購入了一台小型手動式裁刀。

　　「不吃一塹，不長一智。」許多經驗，真的是吃虧換來的。原來，事務機行的業務員，知道他們急用影印機，非買不可，竟開出較同行為高的價格。夫妻二人雖事後知道買貴，也只能認了，誰讓自己經驗不足呢！但此事之後，虧似乎仍未吃完。

　　除了論文之外，當時也接了政大心理系「心理測驗卷」的印製業務，這測驗卷分有數種，每次每種都會需要印數千份備用。為了能夠加快印製效率，兩人考慮購買桌上型快速印刷機。而因為新的價格太高買不起，於是在趙老闆的介紹下，以 50,000 元購入一台二手機器，卻沒料到，使用時狀況百出，才一星期不到，不是油墨不均，就是經常卡紙，不得已，只好忍痛折損 30,000 元，以 20,000 元將機器退回，再次吃了悶虧。

　　還好後來認識了「聯達快速印刷」，這才解決他們的問題。之後，論文、雜誌月刊封面、及心理測驗卷等，皆委由聯達印製，雙方事先以電話溝通好相關事宜即可。惟聯達只承印，無法協助載運，必須自己想辦法。剛開始時，封面等委印自取貨件，尚可用那部偉士牌改裝機車載送，但後來印刷量越來越大，每次的測驗卷都達數「令」紙之多（註：1 令＝500 張全開紙），機車已經不敷使用需求。

　　有一次，阿貴安排去印刷廠取月刊封面，轉送至裝訂廠，以備隔日需用，完成之後，還要去醫院接下午自行前往門診的妻子。當時正值下班尖峰時段，車流量大，車子走走停停間，一輛並行的計程車突然從他左邊橫切至右邊想要攔接客人，硬生生從他前面插入，造成他機車不慎輕碰到計程車的左後方。司機悻悻然地下車，經察看之後，雖見自己車子沒事，嘴裏卻仍邊咕噥著，邊回到他的駕駛座。

　　阿貴也檢視自己，感覺還好，因擔心妻子久等，便也離開了。不想，回到家的晚上，才覺得右小腿隱隱作痛，只得再去醫院掛急診，經照 X 光檢視，發現是骨折了，而這次的車禍意外，讓他上了三個月的石膏。

　　在美國的大姊及弟弟，獲悉阿貴受傷，相當關心，又得知其交通工具不足以因應工作所需之後，特地寄了 8,000 美元回來，囑以之購買一部小車。鑑於載運量可加大及「鐵包肉」的安全理由，阿貴接受了他們的好意。

　　這是阿貴人生擁有的第一部汽車，他選購了一部祥瑞 1,000 cc 自排小型車，並經朋友介紹，將車子送往永和「駿成」，改裝成適合他操控的身障用車。經過監理所檢驗及考照之後，這部車如虎添翼般，讓他在工作及生活上，更加的無往不利，也自此完全解決了印刷品的載運問題。

　　民國 74 年 4 月 22 日，「同心」由原來家庭式的經營模

式，正式登記設立公司行號為「同心打字行」，自此不必再使用收據，或向同行商借，而完全可以獨力開立發票給客戶。兩人也加入「台北市打字複印業職業工會」，並得以會員身份，參加工會的勞保。

論文稿件是同學自己送來，兩部機器可不用停，但聖心、華馨等出版社的稿子，卻必須他們其中一人出門去取，這樣一部機器就會空閒下來，待打稿件也就沒有進度。為了解決這問題，兩人商議聘請人進來幫忙，同時也登報誠徵家庭代打。因此，內部聘請了也是身心障礙者的新店陳小姐幫忙，在外的家庭代打陸續則有政大附近的曹太太、木柵路的毛小姐、木新路的張小姐、及永和的麗雲小姐。

夫妻二人秉持愛拼才會贏的信念，並隨著之後新客戶的開發，稿源洽接非常順利。業務量越來越大，評估眼前打字行的稿源相當穩定，但能配合的家庭代打覓得不易，兩人認為內部需再增加人手幫忙。而正因為自身障礙，知道謀職不易，因此，內部所增聘的員工也都同樣是身障者，最終，他們共買了五部中文打字機，僱請了四位打字小姐。

不過，稿件完成時間緩急不一。若碰到急件，而小姐剛好下班時間又到，兩人只好自己接手繼續完成，以至於工作到晚間 11、12 點，甚至因為隔天必須交件而通宵達旦更是常有的事，每天都超時工作的現象顯然已成常態。有時，妻子甚至是一邊打字，一邊腳也沒閒著，輕推著一旁

的嬰兒搖床，哄女兒入睡。

民國 75 年，阿貴萬萬沒想到，夫妻倆胼手胝足的創業之路，從沒有本錢、標會買第一部中文打字機開始，到添購許多機器與設備，終讓打字行的工作承攬，不必再假同行，而能獨力完成。不想，在業務蒸蒸日上，持續看好之際，老天爺卻開了他一個難以招架的玩笑，妻子因過度勞累而病倒了，輾轉送進三軍總醫院急診處以「無名熱」收治，進而被確診為罹患「SLE」疾病，住院期間，更病情惡化，併發視網膜病變視神經萎縮，造成視力的喪失。

[現在 Google 一下，可立即獲得許多關於「全身性紅斑狼瘡」詳細的相關資訊，但在當時，它被視為不易治療的絕症，臺北榮總也因之成立了「蝴蝶俱樂部」，藉讓病友及家屬獲得衛教資料及醫療新知，並得天助自助，推己及人。而這也是「中華民國思樂醫之友協會」的前身。]

當阿貴得知這個診斷結果，整個人直如轟雷掣電般，根本無法招架，他非常自責，因為早在尚未請打字小姐之前，妻子即常因工作及家庭需要，時間總是左支右絀的不夠用，身心負荷也因超載而疲累不堪，而他那時如果能多有注意，加以防範，或許就不會發生這件憾事了。

但是，儘管荷盡菊殘，住院汀州路三軍總醫院病房的妻子，依然堅挺傲霜之枝，心繫著打字行業務及家裏的一切，牽掛著阿貴一個人會否忙不過來。

　　是以，阿貴雖白天在客戶、協力廠、打字行、及家裏之間忙得團團轉，也一定會到醫院探視妻子，除了解病情與治療內容外，也跟她講講當天發生的事情，及自己如何處理⋯⋯。只是他每每在晚間才能夠來到三總，搭電梯上到 11 樓，再踽踽蹕行，經過那長長、地板有點反光的走廊，慢慢來到盡頭處妻子的病房。每次進病房之前，他都會先整理一下自己的情緒，然後聲音帶笑地喚著她的名字。雖然不想讓妻子感受到他的忙碌，但世事洞明、聰穎如她，豈有不知之理！因為她對他的不捨與疼惜之情，盡在彼此言語相談之間了。

　　而阿貴又何嘗不是呢！想到妻子之所以罹此重病，完全是為了與自己攜手同心，共創美好的未來所致，但這代價太高太大了，著實讓他至深感痛，而她的百變病情，更令他出處皆憂卻無計可施。

　　阿貴深知，若不是妻子的堅強與不放棄，那麼，面臨妻病子幼的他，是無論如何無法度過所遭逢巨變及難關的，而今自己唯一能為者，就是努力營造清靜無憂之生活，好好照顧陪伴她。

縣中惱飲席

晚醉題詩贈物華，罷吟還醉忘歸家。
若無江氏五色筆，爭奈河陽一縣花。

—— 唐‧李商隱

　　李商隱詩用典抒情，卻恰恰點出阿貴創業過程中關鍵時刻所幸遇的伯樂——文史哲出版社的彭先生。

　　若無彭先生，爭奈有同心。

　　阿貴初出茅廬，萬般不識印刷眉角，每遇阻困，幸遇彭先生如師之提攜、如沐春風的引領，給予枯木逢春生機。於他而言，彭先生猶如自己生命中的「五色筆」，同心纏得援此翰而寫下平坦順遂去路。

　　阿貴知道，先生之恩無以為報，唯照顧好「他們仨」，認真過日，循善而行，始有以致其一二。

　　如今，阿貴仍握此筆，並未遭索，本書之出版即是最好的印證。

幸遇彭君五色筆

　　妻子出院後，仍撐持著羸弱身軀及殘存視力，以摸索方式操持著家務，並在阿貴外出接洽業務時，協助一些電話洽接與聯絡事宜，他知道，這是她不忍見自己忙裏忙外、力挑所有的重擔。

　　但是，妻子因過度勞累而病倒的事實，讓阿貴提高了危機意識。他必須居安思危，必須認真思考如何減輕妻子的工作壓力及讓她有足夠的休息時間，必須重新考量打字行未來的經營模式與方向。

　　幾經商討，他們決定逐漸將打字行的業務轉型，內部不再請人，改以部分自己打，部分發給家庭代打。而轉型之後，內部便只有阿貴自己一個人負責打字修改。更正確地說，他親自處理「文史哲」、「匯豐」、及「大順」的稿子，不假他人，另外將自家庭代打處取回打好的稿子略事整理，及在每頁貼上校對透明薄紙之後，送請客戶校對，……直至修改完稿為止。至於「代打」這部分，他們特別感謝曹太太、毛小姐，及麗雲小姐的繼續幫忙。

　　而這樣的轉型模式，內部雖減少了許多打字的工作

量，卻仍有許多事務，必須站在客戶的角度用心處理，而其心力之投入，時間之耗費，實不遑多讓打字部分的付出。

　　其中，與知音的互動經驗，殊值一書。阿貴放下咖啡杯，回想起這段往事……

　　知音的稿子，是當時社會上正如火如荼推展的 Apple 電腦系列叢書，這類書稿的內容，有著大量中英混合文字，以中文打字機而言，如果打的全是中文字，只要先設定好字間及行距，再按字逐一打之即可，但當中英文字混合時，就不能按此方法。因為英文字母不是方塊字，其字字字間皆異，特別是大小寫之間（例如 Mou 與 Min 就不一樣），或使用不同的英文字體時，則其各別的字間更是有別，因此，每打一個字母，必須審視下個字母為何，再決定應調以多少間距，無形中，會讓整體打字速度變慢。所以，承接這類稿子，其每天能完成的產量，相去一般文字稿甚遠。而知音也了解這層特性，因此所給予稿酬，自是較一般中文稿件為高。

　　阿貴與知音 9 個月的合作期間，確實學習到不少關於排版，美編的知識與技巧。其所發下稿件，在中文部分，會先標示好每頁行數及每行字數，也會給予不同層次的大標題、中標題、及小標題註明應該空下的行數，並在完稿

階段，貼以不同級數及字體的照相打字。至於英文部分，也會先予決定，是否通篇使用同一種字體，或者部分改換他種字體，惟當英文字母碰到行尾所剩空白無法全字鍵入時，必須在適當的音節處斷字，並加打 hyphen 連字號，而非任意斷之。

　　還好阿貴對於英文略知一二，知音經過一、兩次的發稿測試，知道同心有這個能力，後續就開始提供了較穩定的稿源。

　　有一次，阿貴依要求、依限打好了一本 200 多頁的 Apple 書稿，並立即送請校對。不想，隔天就接到知音的電話。

　　阿貴心想：

　　「這麼快就校對好了？看來應是沒什麼錯誤。」

　　當天下午，他就去知音準備將稿子取回修改。尚未進門，就聽到何老闆咆哮罵人聲音，見他進來，這才稍斂怒火，轉而對著劉小姐說：

　　「妳先去忙吧！」

　　阿貴目送經常發稿給他，此刻卻低頭不語的劉小姐開門出去。

　　「方先生，請坐！」何老闆客氣的讓坐，同時接著說：

　　「不好意思，昨天你送回來的稿子，打字部分基本都沒問題，但其中有些英文字，原應該標黑體字，是我們劉

小姐弄錯了，不知能不能請你幫忙改？我們可以補貼你修改的費用。」說著拿出了那份打字稿。

　　阿貴翻了翻，心中不覺泛起了嘀咕。他道：

　　「哇！幾乎是全部的英文字都要改，何老闆的完稿時限又那麼趕，實在是有困難，我真的沒有辦法……」

　　「拜託！拜託！這事請方先生多多幫忙。」何老闆仍然滿臉笑容的說著。

　　「實在是因為字一旦打好，要修改很費工，而且我店裏也還有許多稿子要趕，許多事情要忙……。」阿貴以尚要去其他客戶處為由，離開了知音。

　　傍晚，他回到了家。

　　「你不是去知音拿校對稿？怎麼空手回來？」妻子不解的問道。

　　阿貴將事情的原委說了一遍。

　　妻子深知自己丈夫執拗的脾氣，如果依他性子，真的拒絕修改，只怕以後也接不到知音的稿子了，沉思片刻後，她委婉地勸道：

　　「阿貴，我們剛起步，好容易才得到知音的肯定，如果因為這樣不做了，不但會害到劉小姐，也會失去這個得來不易的重要客戶，我們更會受到很大的影響。……」

　　「可是，這不是我的錯啊！不應該由我來承擔，如果應允何老闆，妳知道我要多花多少時間嗎？何況，我還要

趕別的稿子！」阿貴理直氣壯的回應道。

「我知道，但你想想，我們的孩子即將誕生，在在都需要花錢！小不忍則亂大謀，你就算是幫何老闆一個忙吧！而且，打知音的稿，你還可以學習到很多書版的編輯技巧，以後也一定能派上用場。」

妻子的話，句句金玉，阿貴完全聽進去了，他拿起電話，打給了何老闆：

「何老闆你好！我是同心，今天不好意思，……我明天早上去拿那份要修改的稿子，嗯……對……好……。」

阿貴抬頭見妻子向他比了個 thumbs up，讚！

這件事，雖然多花了阿貴不少時間，但終究他沒有多收知音額外的費用。稿子順利完成，書也如期付梓上架。最重要的是，妻子看到他出處之間變得更圓融了。

在轉型時期前後，阿貴接到大學同學桂萍的電話，表示臺北市撫遠街的「世茂出版社」（老闆簡先生），希望能找到一家長期合作的打字行，她向世茂推薦了同心，並請其依所予電話號碼與之聯繫，洽商合作細節。阿貴依約前往，雙方晤談甚洽，並獲致了具體的合作方案。

簡先生對於阿貴雖是身障者，猶能自立自強，克服行動困難，創營打字行，且不辭往返世茂一趟 20 幾公里之距，仍持高度服務熱忱，表示相當肯定。

簡先生客氣的說：

「方先生，相信我們的合作一定會很愉快的，以後請你多多幫忙了！」

「謝謝簡先生給我們服務的機會，我們一定保證品質，符合您的需求。」阿貴言謝，並與簡先生握手道別。

世茂的書籍，是以將日文暢銷書翻譯成中文出版為主，其類型與之前同心承接的稿子不同。阿貴在與世茂的合作期間，自然也學習到許多高階的編輯及美工的相關知識，舉凡如何美化版面，如何處理插圖，如何安排表格等等，他從做中學，不斷地向簡老闆請教學習。

雖然打字行的客戶穩定，稿源也相對充足。但實際上，進而奠定阿貴後來能夠熟悉並完成更多、更專業，從打字完稿到製版印刷一整套作業的貴人，卻正是文史哲出版社的彭先生。彭先生不但是他們永銘五內的恩人，也是引領同心開展前程的導師。因有彭先生的提攜，他才能因著打字，將觸角探及印刷及裝訂領域。可以說，彭先生是他們夫妻創業之路的「五色筆」。

說起阿貴之所以有幸能與彭先生相識，實乃因李威熊恩師的推介。李老師知道阿貴畢業後，自行創業，從事與打字印刷相關行業，且正利用廣告宣傳單四處開發客源，於是將他介紹給文史哲，並囑已為其約好晤面時間，讓他親自登門拜訪彭先生。

　　阿貴依約定時間來到文史哲並說明來意後，即覺彭先生真是位客氣親和的謙謙君子，言談之間，他絲毫未覺彼此之間存有陌生感。彭先生經了解後，應允有適當稿件時，會馬上通知他。

　　彼此談話間，阿貴不經意看到出版社書架上有一本《百花叢譚》。他心中暗忖：

　　「不知這是不是知音發給我打的那本？」

　　阿貴好奇問了彭先生，得知這本書確實是文史哲發給知音，何老闆再將之轉發給同心。

　　「原來這稿子是你打的！打得很有水準啊！」彭先生給予了讚賞。

　　[筆者記得，《百花叢譚》書中有著許多艱深冷僻的古字，也才明白，原來何老闆是以之為測試伊始，看看同心是否具有實力，能長期合作否。由於筆者受過文字方面的訓練，所以交稿後，何老闆對所交付的完稿品質非常滿意，也在之後相當的一段時間裏，稿源不斷。]

　　與彭先生晤面之後沒多久，阿貴就接到了文史哲發給他的第一份稿子。這份稿子對他來說至關重要，因為它象徵著彭先生交付著對他的信任，而這份稿子也開啟了往後十數年間文史哲對同心的支持。彭先生對於他的打字報價，不僅分文未刪，且是同心有史以來所獲得最高的稿酬。

　　阿貴發現，文史哲是專以大學叢書為主，凡所出版書

籍，大多是學者、教授的研究論文或專書著作。是以，他每打一本，就好像淺涉了一本極有深度的書籍般，令他著迷不已。而更教他心喜的，是在承接文史哲稿子時，他能夠不斷邊做邊學，例如書眉或頁碼的格式與位置，五中、三中或二中空格取決與字型大小掌握，字體變化，美編呈現，書籍裝訂時空白頁、蝴蝶頁及版權頁的考慮，平裝、精裝、線裝、膠背等等，他皆能領受到彭先生對於書版編輯的專業與技巧。他也從中學習到了彭先生對於中文書版一絲不苟的專注態度。

彭先生更鼓勵阿貴，除了承接打字的工作以外，也可嘗試印刷方面的業務。

「謝謝彭先生，但是，這方面我不很懂，怕估錯了或掌握不好，而且也沒認識什麼印刷或裝訂，甚至紙行的協力廠商！」阿貴感謝之餘，也坦承自己能力及業界關係的不足。

「沒關係，協力廠我可以介紹給你，估價及紙張計算我也會教你。」彭先生微笑的對著阿貴說道，並舉了個例子：

「例如，一本 200 頁的書（含版權頁），要印 1,000 本，那該從紙廠叫多少令紙到印刷廠備用呢？」

彭先生將用紙張數的計算式寫給阿貴，並分別就「25 開本」及「16 開本」紙張用量及規格，仔細地為他講解。

25 開本（採用菊版紙，規格 20 × 28）：

版數＝全部頁數 ÷16 ＝ 12.5（13 版，未滿 1 版

以 1 版計）

耗紙：每版 30 張。

算式：[(印製本數 ÷2) + 30] × 版數 ÷500

得：(500 + 30) × 13 ÷ 500 ＝ 13.78 令

16 開本（採用全開紙，規格 31 × 43）：

版數＝全部頁數 ÷8 = 25

耗紙：每版 30 張。

算式：[(印製本數 ÷4) + 30] × 版數 ÷500

得：（250+30）× 25 ÷ 500 ＝ 14 令

　　彭先生果真一言九鼎，不僅代為聯繫及引介協力廠，讓同心的稿件作業，在製程及時間上，獲得了與文史哲相同的待遇。阿貴心裏清楚，如果沒有彭先生的傾力相助，就沒有同心的順遂發展，更無後來幸福的「水里」生活了。是以，彭先生無私的提攜之情與長者風範，深植他心中，至今不敢或忘。

　　彭先生對於他們的照顧，還不只如此。那時，阿貴向臺北市政府申請 20 萬七年期無息身心障礙創業貸款，但需有一店鋪擔保人，他向彭先生提出了此項請託，彭先生毫不考慮的就答應了，完全不擔心萬一他付不出來，是要負完全連帶責任。

「不過就是 20 萬！不必放在心上！」彭先生神態輕鬆、笑盈盈的對阿貴說。

為了無負彭先生信任，阿貴皆按月至銀行臨櫃繳納，絲毫不敢延宕。

阿貴深知若僅以人工打字為主業，收益僅是一字一鎚所積累微薄工資，而此時因有彭先生的支持與協助，使他更放心地去開發與承接印刷及裝訂的業務。

而好友阿琨，淡江都市計畫研究所畢業後，進到一家建築師事務所工作。這家事務所承接政府機關部會或市政的規劃研究委託案，各期規劃研究告一段落之後，需依約提出研究報告，而這報告必須打字印刷裝訂成冊，依限送審，也就是研究報告的草稿一經完成，接續打字印刷的時間就變得很緊湊。不想，事務所原先合作的廠商，卻在這時表示無法配合。

「我只是替事務所聯繫廠商，你自己好好估量，實在做不來，也沒關係。」阿琨在電話中，向阿貴說明了事務所稿件的緊急情況。

「好，明天我去事務所再詳談。我開門做生意，現在生意上門，又是新客戶，豈有不接之理！」阿貴半開玩笑的對著好友道。

經過接洽與了解之後，阿貴答應接下這個時間緊迫的工作，而事務所雖也全所加班，但他們稿件給的時間不一，

以致於常常下班後才送來，夫妻倆必須爭取時間，繼續加班。終於經過緊張的 10 幾天之後，完成了這次的急件。自此，事務所即將其打字印刷的業務，讓同心來承攬。

有一次，事務所的報告書，裝訂方式不同於平常膠背的做法，而是選擇活頁式的膠圈裝訂。這種方式，可一次將紙張的裝訂邊打壓出 21 孔，再配合也是 21 圈可開合的膠圈，裝訂時，依書冊厚薄選擇大小適合的膠圈，並利用機器將之拉開，再依序裝入已打好 21 孔的紙張，放開機器拉把裝訂即完成。如果比較講究的做法，會在書冊的前後各放一片透明膠片，增其質感。

但是，阿貴的打字行，因為尚未接過這類業務，故並無此「活頁膠圈裝訂機」的設備。據好友轉述，事務所鑑於這種裝訂方式，有利於報告書審核之後的部分修改及抽換，未來可能都有機會使用到。為應需要及提高打字行的競爭力，阿貴思考了一晚，決定購入該款機器。

而事務所的年度報告書，其書籍規格多為特殊的「六開」，封面既要彩印，又要上光，內文同時有許多統計圖表及彩色圖片，因此製作上，其製版、用紙、裝訂等，都較阿貴之前所處理過的要複雜許多，其難度也較高。還好有彭先生的從旁指點及協助，才讓他能在文稿完成後，只需第一時間將稿件送至製版廠，將紙張叫至印刷廠，隨後去彩印廠自取彩色封面送至裝訂廠，其餘從製版、印刷，到

裝訂、運送，皆由協力廠商代為處理。

　　好友後來離開了建築師事務所，打字行也漸漸減少承接該所的業務。

　　＊＊＊

　　當時正值臺灣股票市場又紅又火，許多菜籃族及婆婆媽媽們，甚至基層公務人員，都認為投資股市，賺錢容易，紛紛加入小額投資的行列。

　　民國 76 年的某一天，阿貴突然接到一通從「匯豐證券公司」打來的電話。原來是之前送論文來店裏製作的王姓同學，碩士班畢業之後，進入匯豐工作，職任研發部副理。王副理表示公司欲發行月刊，免費贈予投資人參閱，相關打印事宜想委由他來處理。電話那端王副理說：

　　「……但是，因為股市資訊瞬息萬變，必須及時掌握，因此，能給你的印製時間不長，你必須要有心理準備！」

　　王副理進一步表示：

　　「匯豐月刊預計每期印刷 3,000 本，每本約 100 頁，每月最後一週是作業時間，次月一日發行，從給稿到月刊印製完成，工作時間只有七個日曆天，包括打字、校對、完稿、製版、印刷、裝訂、及運送。也就是每月一日要讓投資人看到月刊。」

　　阿貴在電話這端應道：

　　「這樣我了解，謝謝副理的推介，真的太感謝了！」

王副理笑著說：

「我才應當謝謝你當初用心地打印我的論文呢！那我們就這樣說定了！明天上午 10 點，請你來公司一趟，討論一下細節好嗎？」

「好的！……好的！……明天見！」阿貴再次表達謝意。

掛上電話後，阿貴想，這或許表示之前對於同學論文打印的品質及用心服務，受到了肯定，才有今日的回饋！

[經營之道，在於認真用事。透過匯豐這件事，筆者體會到了因果不虛、船過不可能水無痕的道理，而情義之真心付諸，在於彼此交互作用力的正向發展。]

有了印製建築師事務所報告書的經驗之後，阿貴心中更加有底了，他非常感謝王副理的推介，而這承接，不只是一項新的考驗，也讓打字行步入另一種作業模式，加大了營業內涵。

衡量打字行目前的狀況，內部雖不再僱用人員，但原來除文史哲以外的客戶稿件，仍可請家庭代打處理，他則可以自己處理新增的匯豐月刊文字稿。因為他對自己的打字品質有信心，自己可以邊打邊編輯。如此，可以將打字之完稿時間（含送請校對），縮短在兩天之內，增加後面協力廠的作業時間，故匯豐的稿子他決定不外包，從一開始便以月刊要求的行間字距進行，先處理文字部分，圖表則

預空位置，另行處理，最後再以放大或縮小的方式貼入，這樣，打好一頁等於完稿一頁，省去了改稿的時間。同時，稿件打好，總頁數跟著確定，總用紙量也算得出來，雖尚未送校，他可請「福慶紙業」先送紙去印刷廠待用。

至於封面，用紙雖然每期都相同，但因「匯豐」二字需燙金，而且需變更期別及月份等數字，故在接到打字稿後，阿貴會立即通知聯達按數量預先印妥，並在打字稿可以送製版時，同時取至裝訂廠。

因為出刊時程緊迫，打字稿送校時，都是先聯絡好時間，分由公司內各撰寫主筆同事當場校對。

有一次，王副理在同事都校對好後，將全部稿子交還給一旁等待的阿貴，讚賞道：

「你們的打字小姐素質真高，竟然都沒什麼錯字。」

「真的嗎？你們有沒有看仔細啊！」阿貴故作驚訝道。

「是真的，我都看了兩遍了呢！」王副理道。

「謝謝副理的肯定，那我先離開了，後面還得趕工呢！」王副理哪裏知道，這其實都是出自阿貴一人之手。

「辛苦了！」王副理目送他離去。

阿貴將稿子放入背後的束袋中，蹲行向電梯而去。搭到地下室停車場的過程中，他想起了第一次來匯豐與王副理商討月刊打印細節時所發生的困窘情景：

　　匯豐證券公司位於交通繁忙的南京東路，車位難找。而公司所屬停車場位於大樓地下室，緊臨馬路，相當寬闊。阿貴記得當時轉了兩三圈，還是找不到停車位，眼看與王副理約定的時間就要到了，當時又沒有手機，無法打電話上去求助。他見當時裏面只停了幾部車，還有許多空位，但是他沒有停車證，不敢開進去，又看不到管理人員，無法請求協助，於是不得已就將車停在靠邊處，想說很快就下來。

　　待與王副理結束討論，阿貴蹲行來到自己的車子旁邊，竟發現四個車輪中，有一個車胎扁扁的，顯然被人洩了氣。他不知所措的環顧四周，正準備取工具換輪子時，一位中年人走了過來，嚴肅地對他說：

　　「這是你的車嗎？這裏是不能停車的！你不知道嗎？」

　　「是！是！不好意思，我知道不能停，因為來二樓的匯豐……」阿貴將他為何來匯豐，因時間緊迫，又找不到停車位，不得已才停在這裏的緣由，及出來發現車子輪胎被洩氣的事，向這位先生說明。

　　「原來如此，不過還是不能停在這裏的喔！這樣會害到我！」原來，這位先生是停車場的管理人員。

　　「你行動不方便，我來幫你換吧！」管理先生接著說。

　　「謝謝！謝謝！」阿貴連番稱謝。

　　換好之後，管理先生又跟阿貴聊了一會兒。知道他一個月會來二次（一取稿，一送校對稿），而送校的時間約需一個小時左右。先生看看他的車牌號碼說：

　　「這樣吧！右邊的第一個位置，如果你來時沒有車子，就停那裏好了。」

　　這位先生其實是一位善盡職守的好人，車胎是他洩的氣，原本是想給亂停車的人一個警告，所以只洩了一個而已，但在發現違停者是一位身障者，又是來公司洽接業務，對他的態度變好，也給了他相當的通融與方便。對他來說，這位先生也是他生命中的貴人。

　　就這樣子，阿貴順利承印著匯豐月刊，每期都能按時完成。有一次，他又來取當月稿子，見王副理不在，問道：

　　「請問王副理在嗎？」

　　「王副理已經離職了！」一位女同事回答他。

　　「啊！怎這麼突然？我都不知道……」阿貴有點意外。

　　「他被挖角了，到另外一家證券公司去了。你是同心嗎？王副理說會跟你聯絡。」那位女同事回道。

　　「是，我是同心，來取這月的稿子，不知？……」阿貴以徵詢的口吻問道。

　　「這是我的名片，月刊的事務以後由我接手。」她取出一個裝著月刊稿子的袋子，連同一張名片遞給阿貴。

＊＊＊

民國 77 年，也就是王副理離開匯豐的兩、三個月之後，阿貴接到了王副理的電話。不，現在應該改稱王經理。原來，王經理被另一家新成立的「大順證券公司」挖角，聘請他擔任研發部經理。

電話中王經理說：

「跟匯豐一樣，我也要在大順辦一份月刊，且為了有所區別，大順月刊的封面將是彩色版，而且要上光，內容也會多出約 20%，不過……。」

王經理接著說：

「月刊業務是由我們公司的總務部門負責，他們將會辦理招標作業，請三家公司來，當場決標給符合條件者。基於過去的美好合作經驗，我向他們推薦了同心，我也希望方先生您能得標。」

「好的，謝謝王經理，我會全力以赴，盡力而為，再見。……」阿貴開心地收了線。由於有匯豐的得心應手經驗，他顯得信心十足。

幾天過後，他接到大順總務部門邀標的電話：

「請問是同心嗎？」

「是的，我是同心。你好！請問是……」

「是這樣的，我們是大順證券，想邀請貴公司參加我們『大順月刊』印製的招標比價作業，時間在明天下午兩

點，地點在我們公司的會議室，不知貴公司能否出席呢？」

「可以！可以！我們可以參加，……」

由於阿貴行動不便，故第二天下午，他提早來到「大順」。如同以往，他採蹲行的進門方式引起了大家的注目。當天同時還有另外兩家印刷公司出席。經過當場比價、開標，總務主任為取信各參加公司，也公開將三家各自的標單展示，並宣布由同心取得承攬印製大順月刊的資格。他心中暗自高興，但喜不形色，只靜待後續。

結束時同場參比的另一家公司代表，走近他身旁，面帶疑問，道：

「你報的這價格，能做嗎？會有利潤嗎？」

「做做看吧！」阿貴微笑輕應著。

其實，阿貴低頭寫報價單時，他想到了與王經理在匯豐的愉快合作時光，也感激王經理的再次知遇之情，因此，他將各個項目的價格都壓低，終順利得到了這項標案。他考量的立基點是，品質及時效才是最好的說明，只要掌握住這兩部分，就一定能成，至於月刊純人工的打字部分，佔比不大，而且都是自己親力親為，無需負擔額外的工資成本，加上其他流程都是與協力廠商合作之下所共同完成，只要他將整個作業流程掌握好，順利讓各個環節都能配合到位，所謂省成本就是賺錢，相信一定會有利潤。

事實證明，匯豐如此，大順亦是。

筆者偕妻同遊苗栗留影

贈劉景文

荷盡已無擎雨蓋，菊殘猶有傲霜枝。
一年好景君須記，最是橙黃橘綠時。

—— 宋・蘇軾

　　菊，無蓮花之潔白，亦不若牡丹嬌貴，性卻凌霜傲雪，堅強不屈，雖近橙黃橘綠時，仍殘而不畏嚴寒，面對生活，依然挺其羸弱瘦影，為所愛，雖簾卷西風，直比黃花瘦，仍暗香猶在。

　　「孤標傲世偕誰隱，一樣花開為底遲？」[12]

　　是的，有了伴的路，妻子可能更忙碌，但蘇芮的〈牽手〉，唱出了阿貴心中一直以來對她的感激之情：

　　　　……所以牽了手的手，來生還要一起走，所以有了
　　　　伴的路，沒有歲月可回頭。

　　有妻如此，此生足矣！

---

12 《紅樓夢》程乙本第 38 回，瀟湘妃子·林黛玉〈問菊〉。

菊殘猶有傲霜枝

好友阿琨後來轉投公職，高考錄取後分發至民國 74 年成立的「玉山國家公園管理處」服務。這是隸屬中央的四級機關，辦公室位於南投縣水里鄉。

由於本身的專業學養，阿琨很快晉升為「玉管處」工務建設課的課長，並且於民國 76 年在當地購買了一棟二手的兩層樓透天厝。

民國 78 年元旦，是個出大太陽的艷陽天。阿貴應好友之邀，第一次拜訪了水里這座依山傍水、未曾謀面、曾有「小臺北」美譽的山城。

阿貴自從買車之後，除了妻子上醫院門診、印刷廠載貨、或客戶處取件等工作需要外，鮮少利用它載全家出遊，更別說如此長途地開拔到鄉間了。因此，對於這第一次的出遊，「他們仨」都很興奮。

[眾所周知，現在從南投名間到水里，在駛離國 3 名間交流道後，大家都會沿著濁水溪，走限速 70 公里的台 16 線公路（這條公路也上接通往玉山塔塔加鞍部的新中橫公路），也就是經過集集鎮的外環道，再直達水里。但在當時，

高速公路國3線及省道台16線皆尚未開通,從臺北要去南投水里,必須走國1,然後在王田交流道下,銜接台14線省道往南投、草屯方向,復經名間,於集集再轉走152縣道,然後接投54縣道,才能到達水里。]

　　阿貴經與阿琨相約,他元旦一早從臺北南下,好友算好時間從水里出發,兩人再在王田交流道匝道出口會合。往水里的路上,好友的車在前引導。車窗外景色完全迥異於北部,所見皆處處驚喜。

　　[其中,讓人印象深刻且至今難忘的,就是「綠色隧道」了。它是集集鎮上著名的旅遊景點,網路發達的今天,更是網友喜愛打卡的地點。它長度約 4.5 公里,兩旁種植樟樹,由於種植日久,樹幹粗大,枝椏交錯,生長繁茂地覆蓋了整條 152 縣道,因此獲得美名。]

　　阿貴車子一開進「綠色隧道」,原本暖陽如夏的光亮視覺,瞬間變成綠蔭如春的絕美景致;時而陽光穿透樹杪,時而視線忽明忽暗,實在無比幻化。坐在車裏的妻子,用她尚餘的視力,努力感受著窗外的美景。她囑他關掉冷氣,也搖下了車窗,將臉朝外,在享受著涼風拂面舒暢的同時,不禁脫口說道:

　　「好涼快喔!空氣真好!與我們那裏都不一樣耶!現在已經是中午,都還這麼涼爽,那早晨一定更舒服!」

　　「是啊!能住在這種環境優美,空氣清新的地方,實

在是幸福愜意的事！」阿貴回應著她的話。

　　妻子聽了回頭望向阿貴，彼此之間，似乎產生了某種默契。一旁的鐵軌，正好有一列火車經過。

　　「火車耶！」女兒像發現新大陸似的驚呼起來。因為，從來沒有這麼近的與火車擦身而過。

　　[這是台鐵「集集線」的小火車，行駛於「二水」與「車埕」之間，是當時沿線居民出入的主要交通工具之一，其重要性不言可喻。]

　　車子順著蜿蜒曲折的綠色隧道行駛，在經過一小隧道後，即來到集集鎮的主要街道，沿路行，會先經集集火車站，然後在過了明新書院後，即代表將離開集集，緊接著駛入了投54縣道，也就是水里的範圍（這條山路是當時水里聯外必經之道）。

　　這次的水里行，阿貴全家在好友家叨擾了兩晚。在阿琨安排下，他們遊訪了水里鄉附近的著名景點，遍賞了風櫃斗的崢嶸梅樹及滿山雪白梅花，環遊日月潭的湖光山色，也深入信義鄉的沙里仙品茗。鄉間所見，時而是巍峨高聳的叢山峻嶺，時而是柳暗花明的曲徑幽谷，所到之處及所見所聞，盡皆是讓人讚歎、彷如人間仙境的迷人風景。

　　阿琨的家，夜晚才10點不到，除了屋內談話聲，及屋外偶而犬吠聲外，萬籟俱靜。阿貴問道：

　　「你不是建築師事務所做得好好的嗎？怎會突然有這

麼大的轉變，跑到鄉下來當公務員？」

　　阿琨將其生涯規劃向夫妻二人簡要的做了說明。聊天閒談之中，阿貴進一步得知好友所住的這棟兩層樓透天厝，佔地約 40 餘坪，使用空間（坪數）更大。而最吸引他們的，是好友擁有它的低價格，聽得他們好生心動，因為較之臺北房價的如日中天，也許連屋子一隅也不可得，夫妻二人再次相視。

　　阿貴又問：

　　「下午我們回來，我看到有一排房子正在蓋，好像快蓋好了！」

　　「對！是建商找地主合建，明年才會蓋好，蓋的也是兩層樓。不過好像價格較高。你有興趣嗎？我可以幫你問問。」阿琨回答。

　　「我的確有興趣！也說不定會認真考慮喔！」阿貴笑說著，接著又問：

　　「你們這山坡上的房子，似乎不是同一時期蓋的？」

　　「對！像我買的這棟，屋齡已經 11 年了。……」阿琨回答，並進一步說明著。

　　整座山，前望濁水綠溪，後倚集集大山，房子所屬的「金山新城社區」，地基原來是荔枝果樹園，後來地主不再種植，整地改成建地，依山闢如梯形，房子即建造在各梯階上，共有 13 排，每排前面皆留有車行巷道，與兩旁的主

道路左右相通。而兩主道路望之如太師椅扶手般沉穩，房子居其間，頗有深受護持之感。堪稱地靈人傑的絕佳寶地。

「唔……」阿貴若有所思的點著頭。

從集集綠色隧道的讓人舒心，到好友山居住地的優美雅緻，在在於阿貴夫妻心中，留下了深刻的美好印象。

第三天準備北返的上午，好友將阿貴的小祥瑞，裝滿了鄉間各式的蔬果及特產。阿琨靠近車窗笑道：

「小心開車，下次再找時間下來。惠美、小儀再見！」

「謝謝你的招待，再見！」妻子也笑著應道。

「謝謝叔叔，再見！」女兒也向好友揮揮手。

「這地方環境真好，我們都很喜歡，就請幫忙留意看看。」阿貴邊說邊發動了車子。

「好！沒問題。但你不是還在臺北經營著打字行嗎？」阿琨說。

「是沒錯！但臺北壓力實在是太大了，而這兒的安靜環境及低房價確實吸引了我。」阿貴回道。

回程中，他們再度經過那條從水里到集集曲徑通幽、如詩畫般、兩旁處處皆風景的山路，沒多久又來到優美迷人，著了點薄霧的「綠色隧道」，阿貴輕踩煞車，放慢了速度。

「真的好美！」妻子如同來時般，再次讚道。

「也許我們可以在這裏物色一棟適合我們的房子，妳

不是有個願望，希望能擁有一棟有院子的二層樓透天厝嗎？在臺北，我們一定買不起，但在這裏也許可以實現！」阿貴笑著對妻子說道。

「我們現在想這個會不會太早、太不實際了點，而且我們的生意怎麼辦？」妻子雖有夢想但不幻想。

「我們可以先買，等以後孩子讀大學住校，再搬來這裏養老啊！」阿貴興致高昂的說著。

「八字還沒一撇兒呢！再說了，錢從哪裏來？」妻子自潑了冷水。

「沒關係，我們回去再好好合計合計，一邊等阿琨的消息吧！」阿貴隨即專心開起車來。

回臺北後，二人立刻又忙碌起打字行的工作，也暫時沒想這件事。過了幾個月，阿琨打來電話：

「阿貴，我們這個社區，有一間房子欲出售，就在正新蓋的那排後面，是邊間，但是沒有院子，房子很久沒人住了，坪數跟屋齡，與我的差不多。屋主的電話是……」

「是嗎？那我安排個時間下去，房子能讓看嗎？」好友的來電又引起了阿貴的興頭。

「應該可以，你可以跟屋主聯繫看屋時間。對了，正在蓋的那排，有院子，地主說不二價 150 萬。」阿琨說明著自己取得的房屋資訊，兩人也有了如下的對話。

「哇，比你買的價格多出一倍多！」阿貴道。

「沒錯！但它是全新的，不必再花錢整修。」阿琨說。

「那好，我們先看那邊間，有機會再看那新蓋的。」阿貴道。

「好，那你安排什麼時候下來，再聯繫我。」阿琨說。

說起這「邊間」，還真讓阿貴夫妻好生折騰了一陣子！屋主姓陳，初次約看屋時，阿貴即不很喜歡屋子的狀況。陳舊不說，屋內雜亂，還斑剝處處，最令他不能接受的，是屋內瀰漫著一股噁心味道。

「這什麼味道啊？」妻子掩鼻道。

「喔，房子太久沒住人了，門久未開，空氣悶住了，只要整理整理就好了。」屋主解釋道。

裏瞧外看，再上到二樓轉轉，頂樓蓋有鐵皮屋，在了解了地坪與建坪的資料之後，阿貴心中已然有點眉目，最後問到售價。

「那不知你要賣多少錢？」阿貴問道。

「100 萬。」屋主道。

阿貴心想：「屋況如此，不知還要花多少錢整修……？」

屋主見他猶豫了，接著又道：

「如果你有意願，價格還可以再商量。」

看屋之後，阿貴在臺北透過電話，又與陳先生進行了幾次的溝通討論，最後陳先生表示願降價至 98 萬，含免費過戶一支電話。

「98 萬，外加一支電話。……」阿貴揣度著，如果貸個款……或許可以……。

夫妻經過一番商量，下了「買」的決定，雙方並約定一個月後，在水里街上的張代書處簽約。不想，陳先生並未如期出現，也沒有任何說明，兩人只好悻悻然地回到了臺北。

後來幾經輾轉得知，這「邊間」其實是在陳母名下，陳先生根本做不了主。聽說陳母住在名間，夫妻倆決定親去拜訪，做最後的確定，這也才知是陳先生欲瞞著母親偷偷賣房，而陳母是要賣更高的價格。

「哪有談好價錢卻不降反漲的道理，算了，我們不買了！」回程的路上，妻子抱怨著。

阿貴也有點懊惱，他不明白自己為何會如此鬼使神差地，一直追著賣方，一直要買這房子。他也相當氣憤，為了這邊間，水里不知跑了多少趟，麻煩好友多少次，折騰大半年的，結果是一場空。

「要不我們買前面那新蓋的如何？」妻子重又燃起一絲希望。

「我其實也很喜歡那新蓋的房子，屋前道路相當寬，方便停車，而且阿琨認識地主，知道蓋好的樣子，全新又有院子，有如鄉間小別墅。只是，原先 98 萬那間，我們已經很吃力了，現在又多出那麼多錢，目前我們實在沒有這

筆預算！」阿貴盤度著並說出自己的想法。

　　「反正它蓋好也是明年的事，我們可以慢慢想辦法！而且，到時候，我們如果還沒搬來，可以將它出租，補貼貸款！」妻子的話語中，已隱約可知她的想法。

　　＊＊＊

　　在臺北店裏，阿貴正在苦思而不得其解時，妻子突然拍拍他說：

　　「別想了，明天是假日，我們去政大附近的樟山寺走走吧！」

　　「嗯，好！是該休息休息了。」阿貴回應道。

　　樟山寺前的廣場，可眺望大臺北市區，風景優美，視野很好，附近也有很多鐵觀音茶園。阿貴以為妻子是偕他來喝茶的，不想她卻說：

　　「我們去樟山寺抽籤，聽說那兒的籤詩很準。」

　　原來，妻子是為了要不要在水里買房，以及到底要買哪一間而舉棋不定，故想來抽籤，「跋桮」（台語）問問看。

　　下車後，妻子牽著女兒，三人一起進入了寺內，先行點香膜拜一番後，只見她走到案桌前，拿起筊杯，再退回原位，雙手將之舉過頭，口中唸唸有詞，狀極虔誠，然後輕擲筊於桌前，兩人低頭一看，是「笑杯」。妻子撿起筊杯，再次行禮如儀，輕擲筊杯，不想第二次、第三次仍然是「笑杯」。妻子看向阿貴，說道：

「也許你問較適合！你來擲！」

阿貴接過筊杯，也虔誠的將之舉過頭，秉明自己的姓名、生日、地址，及想要詢問的問題之後，輕輕擲下，兩人目光尋筊一看，不約而同喜道：

「是『聖杯』！」

阿貴長這麼大，從未為了某事而向神明擲筊請示，卻於木柵的樟山寺，擲下了人生第一筊，也得到了神明「聖杯」的應允，抽出了人生第一籤。

籤詩曰：

此事何須用心機，前途變怪自然知；
看看此去得和合，漸漸脫出見太平。

阿貴這人生第一籤，詩文傳達著「順其自然勿強求」的寓意，兩人決定放棄那「邊間」。轉而等待那新蓋小別墅。

民國 79 年，阿貴夫妻利用自有部分存款，及妻子向其大姊，與多年好友秋菊，各借標了個會，籌足自備款，終於在水里買下了他們人生第一棟房子。他圓了她的夢，而她滿心喜悅這得來不易的擁有。他們更沒想到，這房子後來竟會成為他們生命轉捩的立足點。

同年，考量家庭式的場域隱密性高，終究不宜接待客戶，為了較易接洽生意及方便聯繫客戶，他們決定將躋身

巷弄的打字行，遷移到木新路，改為店面式的經營模式。

「我們可以善用這個店面兼營影印跟文具！這附近有幾所學校，每天都有學生從騎樓過，我們可以賣些學生用的文具紙張！不然，一個月的房租那麼高，而打字行接的大部分是固定客戶，空間閒著也是閒著。現在我雖然無法打字，但看店兼接接電話總還是可以的……」妻子為這租來的店面利用問題，提出了她的看法與建議。

「我是擔心我去客戶處或協力廠而不在店裏時，妳應付不來，小儀又需上學……」阿貴不放心的回應著。

「沒問題，我都想好了，我們可以晚點開店！而且小儀現在只上半天課，中午就回來了。」妻子依然躍躍欲試。

阿貴知道，妻子雖然因病而視力受損嚴重，依然不願放棄地要盡己之力，他雖不捨，但明白她的用意，於是同意了：

「好吧！反正我也不是天天出去。」

水里買房的事塵埃落定之後，打字行因為有文史哲彭先生的鼎力相助，尤其在印刷、製版方面的諄諄提點，業務推展得更加順利，收入也較之前為豐，不但可以應付臺北店面的租金，連水里的房屋貸款也夠付，完全無需憂慮經濟負擔的問題，甚至後來也無需「以租應貸」的將房子出租，反之，水里成了他們度假的好去處。

[由於筆者本身是身障者，因此，凡事採取「豫則立」

的態度，希望能平穩地面對生活，不希望衍生無謂的困擾與麻煩，且由於之前有二手快速印刷機吃虧之鑑，故對許多事情即有著自己的主張，像機車、汽車等，若能力所及，絕不買二手，因為前主的使用情況及車況如何未明。雖然新的價格較之二手往往數倍以上，但可從一開始就掌握它的一切，是以除了高中的第一部改裝機車外，之後的 4 部機車及 3 部汽車，都是買新的，也為了怕「顧路」，汽機車的零件，絕不使用非正廠或翻製品，甚至使用年限未至即予更換。而房子也是如此，橫生枝節而沒有買成的那「邊間」，也陰錯陽差的符合了他「買新」的原則，其後的 2 幢也一樣，都是新的，最後一幢還是預售屋。當然，房子也絕不出租，因為租賃糾紛時聞，且自認萬一碰上惡房客，是完全無法招架的，所以，除了自住外，寧願它空著。還好，水里房子空著的時間並不長。]

　　有了可以落腳之處，他們便經常前往水里，逐漸地對這座美麗山城有了更深入的認識與了解，也以之為據點，逐一探訪了附近的名勝景點，諸如日月潭、車埕、埔里、九族文化村、蕙蓀農場、溪頭、杉林溪、風櫃斗、東埔、沙仙里、青境農場、甚至深入到仁愛鄉，及高海拔的塔塔加等地，都留有「他們仨」到訪的足跡。

　　因此，在尚未搬去之前，阿貴已然以他那輛小祥瑞，載著全家三人，幾乎玩賞遍了整個南投縣，且每次南下而

去都有著全新及美好的感受與體驗，而與此形成強烈對比的，則是臺北忙碌及緊張的生活。

由於打字行的遷移，加上經營簡單的影印及文具生意，夫妻二人將工作做了大致的分野，阿貴以外面為主，妻子則負責文具生意及打字行的電話洽接，同時料理三餐及家務。

這樣的分工，剛開始尚勉強可行，但妻子因視力關係，動作不若以往精準快速，隨之而來的，常常是在接電話向客戶說明時，剛好有人進來要買文具，而店裏只有她一人，致令她疲於應付的現象頻生，每天店門一開，幾乎身心都是處於高壓狀態。甚至有時不敢接電話，因為許多都是打來催稿的，即使接了，也盡量在電話中向客戶爭取更多的作業時間，好讓丈夫能夠順利完成工作。看著他忙裏忙外，她雖不能分擔打字行的業務，但仍承擔起家中其他的全部事務，只為讓他無後顧之憂。

妻子是個行事心思縝密，個性傀然獨立的上勇女性，為了所愛的家人，完全無怨無悔，毫無保留。然其力雖可以一持萬，但持續性繁忙緊迫的工作壓力，令白天已然疲累不堪的她，好容易等到晚上打烊熄燈了，卻是北二高木柵段工程卡車穿流不息運輸時的隆隆震動聲，吵得人根本無法安穩入眠，而這在以前打字行蹐身巷弄時是絕對沒有的現象。

　　阿貴察覺，原本已罹病羸弱的妻子，情緒變得很焦慮，也因失眠現象愈發嚴重而求助於她的主治大夫周昌德醫師，開始服用鎮定安眠的藥物。但為了讓他能夠放心外出，她總勉力維持著狀似輕鬆、看似沒事的神態。

　　但阿貴開始有點擔心，因為在木新路經營店面期間，妻子身心失衡情形越來越明顯。與此同時，他也發現，只要去水里，妻子的狀況就能改善，呈現在他眼前的是完全放鬆自在的她。

　　「我應該要想個因應的對策才是。……」阿貴自忖著。

　　於是，阿貴只要工作告一段落，就會帶著家人去水里度假，不但增加了次數，也加長了每次停留的時間。

　　而在臺北，每當夜裏燈火闌珊時分，妻子總會在他耳旁細說著她打算在搬去水里後，對於這個房子，要如何如何的佈置，想怎樣怎樣的規劃，言談間，美麗的期待早已寫滿了她的臉上。

　　「要不，我們現在就搬去？」阿貴望著她，認真地說。

　　「現在？小儀才小學四年級耶！那打字行怎麼辦？我們怎麼跟客戶說？而且，我們要做什麼？怎麼生活？」她聽後幾乎不假思索地問了一連串的問題。

　　聽得出來，妻子並不反對，但卻同時有著現實面的考量。她雖自承很喜歡水里的生活環境，若此刻真的搬去，可以立即解除臺北打字行工作上的壓力，但她繼而一想，

目前打字行的營業狀況，正是自創業以來業績最好的時候，且自轉型之後，一切也都在掌握中，營業額也持續增長，如就此結束，豈不可惜，何況若是因為自己的關係，讓丈夫放棄他男人最重要的事業，她是萬般不願意的。搬與不搬，她內心陷入了進退維谷的境地，情感上她想搬，但理智面教她必須務實，以致左右為難，無法決定。

　　「我是這麼想，我們在水里已經有房子，現在閒置著，不如我們把打字行收起來，搬去那裏，這樣就不用再支付高額的租金，然後我去找份工作，也請彭先生幫忙，是否能夠讓我用郵寄的方式，繼續接文史哲的稿子來做。同時，我去拜託阿琨，請他幫我留意，看看他們單位裏如果有適合我的工作，幫我引介一下。而且，小學就在我們家山腳下，小儀轉學到那兒就讀，走路就到了，很方便。」阿貴娓娓述說著他對於搬去水里的想法。

　　「可是這樣太委屈你了，你本來可以繼續好好經營自己的事業，……」她幽幽的說著。

　　「傻瓜，家人才是最重要的，錢再賺就有了啊！我們因為家庭情況改變，不得已必須結束打字行的業務，所有客戶都可以理解，這個妳不必擔心。」阿貴將事情說得很容易執行一般。

　　在阿貴的勸說下，妻子的「難以取捨」鬆動了，深知丈夫完全是為了她，而寧願放棄好容易創建的事業，在輕

輕點頭應允的同時，她仍是拋不掉自己不安與忐忑的愁緒，因為這「歸零」的重大決定，實在是禍福難料！

民國 80 年的仲冬，阿貴為此特別安排了一趟水里行。但這一次非去度假。

阿琨聽完他細細說明這個決定的原委，說道：

「我當然可以幫忙留意，不過你這樣的改變實在很大！都想好了嗎？這等於是要從頭開始！但你的情況我了解，我想你必定是經過深思熟慮，才做出這個決定。」

「你知我！但願經此調整，能改善我們眼前的問題。」阿貴堅定的回答著。

手握方向盤北上的同時，阿貴想著好友一直以來的支持與幫助種種，阿琨於他而言，是相知、莫逆於心的摯友，更是自己的恩人及貴人。這位友執，如同一把萬能鑰匙般，使他得以開啟「他們仨」幸福的水里生活之門，讓他成功地運算了自己不同以往的生命方程式。

阿貴也想著，自己人生這本書的內容，不應辜負好友的角色扮演，必須寫下文采流贍的美麗篇章才是。

民國 81 年元旦假期剛過，阿貴正要出門送稿給客戶時，接到了阿琨從辦公室打來的電話，表示其機關內「秘書室」有位打字小姐離職，空出了缺，正尋覓接替人選：

「阿貴，上次你要我留意的事，……宋主任問我有沒有合適的推薦人選，我就說出你的情況，宋主任同意由你

來接。」

　　因常去水里，阿貴早已認識宋主任。

　　「那宋主任雖然知道，但管理處其他同仁知道我是身障者嗎？」阿貴問道。

　　「那不是問題。只是宋主任說這位子不能懸缺太久，因為負責的是全處的公文打印事宜，原編置兩個人，目前只剩一人撐著，知道你有這方面的專業技能，表示可以等你，但問你最快何時能報到。」阿琨進一步將情況向阿貴說明著。

　　「我能知道宋主任可以等我到何時嗎？」阿貴又問。

　　「越快越好，但因為再來會碰到農曆過年，因此，最遲3月1日報到。」阿琨道。

　　「3月1日，這樣只剩不到兩個月的時間了。」阿貴在心裏估摸著時間的同時，阿琨的聲音又從話筒那端傳了過來：

　　「宋主任同時希望你事先了解，這是個臨時人員的缺，薪水按日計酬，一般週休例假及國定假日，因為沒有上班，不給薪，但上班有補貼伙食費，也有勞健保。也就是有上班才有薪水。」

　　「好，我現在剛好要出去辦事，能否容我考慮一下，再盡快給你答復好嗎？」阿貴道。

　　「好，我也希望你再仔細考慮考慮，畢竟這變動相當

的大。」阿琨說。

　　與阿琨的通話內容，妻子也在第一時間得知。但當天一直到晚餐時間，兩人才有機會討論這件事情。

　　「惠美，這件事妳怎麼想？」阿貴邊吃飯邊問道。

　　「我其實很矛盾，因為若純考慮收入的部分，兩者之間相差太懸殊了，不過，若加入工作時間的考慮，那邊一天只需工作 8 小時，假日也可休息，不像我們現在是一天當兩天用，必要時還得熬夜加班，才能應付客戶的需求。」妻子比較著兩份工作的差異性。

　　「我想，兩邊的工作環境及生活步調，其壓力是不一樣的。都說休息是為了走更長遠的路，所以我的意見是接受。」阿貴說道。

　　「我其實也傾向接受。但……對了，你問彭先生了嗎？」她問道。

　　「我會找個適合的時間，親自向彭先生說明，不過我想，彭先生的繼續支持與否，與我們是否要接受阿琨引介的工作，兩者之間並不衝突。我們還是先想要如何回復阿琨吧！如果決定要接，現在是 1 月，得趕緊一一通知客戶，特別是匯豐及大順，說明因為要結束營業的關係，我們只做到 2 月底。由我負責打字行業務的收尾工作，而妳也著手準備搬家打包的事宜。」阿貴放下碗筷說道。

　　「說實在的，同心是我們歷經千辛萬苦創立的，就這

樣結束掉它，我真的很不捨，但因為我現在的身體狀況，必須做此決定，我實在對不起你，但我也不捨現在的你，沒日沒夜，每天都被工作壓得喘不過氣來，我自己已因此而挺不住，再繼續下去，連你的健康狀況恐也會亮起紅燈。好吧！機會稍縱即逝，我們就接吧！」她終於做出了決定。

「妳放心，同心去到哪都會在！因為那代表我們『貳人』，我們一起將它帶去水里好了，哈哈哈！那既然決定接，我明天就回復阿琨！」阿貴笑道。

「好！」妻子也笑道。

飯後，水槽邊洗著碗筷的妻子，靜靜的，似乎尚在想著剛才的討論。

第二天，阿貴回復阿琨，表示決定接下這臨時人員的工作。由於 3 月 1 日是星期天，阿琨在電話中，同時轉達了宋主任請他報到的日期是 3 月 2 日。

「好，沒問題，我會準時報到，謝謝你，阿琨！真是太感謝你了！」阿貴在話筒這端對著阿琨說道。

在接下來不到兩個月的時間裏，阿貴逐一向客戶們委婉說明只能再為大家服務到 2 月底，及打字行不得已必須結束業務的緣由。他非常感謝客戶們都能理解跟體諒，大家也都給予深深的祝福。尤其是彭先生，同意在他安頓好之後，未來以郵寄的方式，繼續提供稿子。

而妻子也開始著手整理東西。文具部分，不再進新的

品項，而能退的先辦退，打算賣到 1 月底就把剩下的打包；家裏的東西，先把較不常用的物品裝箱，其餘的也是 2 月份以後再處理。她發現，要整理的東西還真不少，時間上恐怕有點趕。她道：

「我們 3 月 1 日搬，3 月 2 日你先辦理報到，但我們跟房東說租到 3 月底，這樣，來不及整理的東西，還有 3 月份的時間可處理。你專心上班，我可以自己回來，並請大姊幫忙，你覺得好嗎？」

「妳這樣安排很好！不過，我還需要點時間處理客戶的事及手上的稿子，整理打包的事，就麻煩妳了！」阿貴回應著妻子說道。

還好，理家這事，妻子最在行。自此，家裏每隔幾天，牆邊就會堆疊幾個貼上封箱帶，表面並標寫明內容物的箱子。不想，到了 2 月下旬，竟發現東西多到需向搬家公司租用兩部車子。為了順利搬家，臺北這邊，阿貴事先聯絡好一些好友前來幫忙，而水里那頭，宋主任主動表示會請同事過來協助，他只需在到達水里時通知一下便可。

3 月 1 日上午，雖然持續下著連日的綿綿春雨，但並不影響他們既定的行程，而阿貴夫婦也不覺得孤單，因為店門捲起時，多位好友已然到達，沒多久租車公司的車子也準時來到。打過招呼，好友們便開始將東西搬上車，由租車公司的司機負責堆疊綑綁。

　　約莫 10 點左右，準備出發了，這時雨也停了，阿貴覺得是個好兆頭，他一一向好友們表示謝意：

　　「今天非常感謝大家的幫忙，等我安頓好，再邀請大家到水里來玩。」

　　妻子帶著女兒上到租車公司其中一輛的副駕位置，準備一起到水里協助他們的岳父也上了另一輛車，阿貴則獨自開著他的小祥瑞跟在最後，車上裝著他重要的生財工具電腦，還有文史哲那份尚未完成的稿子，三部車陸續駛離了木新路的打字行。

　　車子在進入建國高架，準備銜接國①時，天氣放晴了，和煦的春陽也自雲彩間露了出來，似乎在引領著他們般，阿貴頓覺整個人精神了起來。

　　車行順利，當天下午到達水里沒多久，宋主任也帶著許多同事前來幫忙。果然人多好辦事，在互相握手相識之後，大家七手八腳，一會兒工夫，就將兩車的東西全部搬至屋內。

　　「謝謝你們，辛苦了！」阿貴與租車公司駕駛結清車資後，轉身向宋主任及諸位同事表示謝意。

　　個性爽朗的宋主任道：

　　「沒什麼，以後大家就是同事了，應該互相幫忙，你們一路開車下來也累了，我們就先離開，明天早上辦公室見。」

「好的，我會準時報到，謝謝大家！明天見！」阿貴向大家揮手道謝。

送走了宋主任及同事們，阿貴環顧了一下院子四周，關上院門，進得屋去。妻子說：

「阿貴，有件事要告訴你，幾天前立蓉來電，我跟她講我們正進行著搬家的整理事宜，你也忙著客戶與稿子的事。她是想要告訴你關於考試院要舉辦國家考試的消息，說其中的丁等特考，只要國中程度以上的都可報名，身心障礙者也不受限制，而且術科有中文打字，考試科目也只有三科，考試的時間在今年 4 月。她想你會中打，所以趕緊打電話來告訴你。另外她說，她有多買一份簡章，會寄到水里來給你。」

「我不知道這個消息，等明天報到之後，一切就緒，我再詳細了解一下。妳今天早起，一定累了，先休息吧！東西明天起再慢慢整理好了！」阿貴道。

「你不也一樣，又開了那麼久的車！……」妻子回道。

第二天一早約莫 8 點，阿貴騎著從臺北載下來的偉士牌機車，提早到了玉管處。妻子則在岳父陪同下，帶著女兒去到山腳下的成城國小辦理轉學事宜。

阿貴將車子停在「玉管處」機關旁邊，然後蹲行著進了去。依照宋主任所說，秘書室在一樓的最後面，他繞過門口的屏風，正準備往裏面去時，迎面而來一位小姐，對

著他說道：

「咦！是你，你今天是來……？」

「我來報到。」阿貴仰頭看她，回道。

「我是黃佳愫，你還記得嗎？之前你曾來過我們家摘龍眼！」她自我介紹著。

「是！是！我想起來了，妳住集集，先生也在這裏服務，對嗎？」阿貴遇見熟人，相當高興。

「對！我先生在樓上的玉警隊。我聽說今天會有人來報到，接打字室的工作，沒有想到會是你。真巧！我也在秘書室。」黃小姐也開心的說著。

「是喔！那以後我們就是同事了，今天很高興遇見妳，有機會再聊，我必須進去了。」阿貴表示必須結束談話。

「秘書室在後面，我陪你進去。」她說著，與阿貴一起往後面去。

經過一條短短的走道，旁邊有個房間，黃小姐說那是司機休息室，休息室過後，右手邊有一「之」字形樓梯，她說 2 樓是玉警隊，3 樓是人事、會計等部門，處長室則在 4 樓。而走道盡頭往下兩個階梯，就到達了秘書室。空間所見，備置有數張辦公桌及檔案鐵櫃，已經有人在座。

「大家早安！」阿貴出聲向室內問候著。

宋主任看見他，立刻迎了上來道，道：

「方兄早啊！歡迎！歡迎！在座都是秘書室的同事，我就不一一介紹，以後大家再慢慢互相認識吧！現在，我帶你去你的位置。」

去打字室不必出秘書室，其實就在剛剛下兩個階梯，直接右轉的另一個房間，室內有兩個位置，靠外已經有人使用，裏面的空位就是阿貴未來工作的地方。

「好，你先熟悉一下環境，等一下會有人來找你辦理報到的事宜，你如果有什麼需要，再跟我說。」宋主任道。

「好的，謝謝主任！」阿貴回答。

在公家機關上班的第一天，除了簽些資料以外，阿貴並未辦理什麼公務或被交辦什麼事情，倒是有幾位同事前來打招呼，表達歡迎之意。下午 5 點多，他簽退離開了辦公室，騎上機車。

「與臺北生活多麼不同的一天啊！」回家的路上，阿貴想著今天的上班情形，不覺輕鬆地哼著「踏著夕陽歸去」，很快地就回到距離不到 2 公里的「金山新城社區」住家。

當天晚飯過後，阿貴將電腦組裝起來，經過測試沒問題，立刻取出昨天帶下來文史哲那份尚未完成的稿子。

「我必須盡快打好寄回給彭先生，這樣彭先生才會放心，繼續把稿子交給我。」阿貴邊打邊想。

[筆者並不是學資訊的，但在臺北經營打字行時，有鑑

於傳統中文打字，有逐漸被電腦取代的趨勢，故也開始接觸、學習電腦技能，還好打知音的電腦書籍時期，有了一點粗淺的認識，從最初接觸的 286，386，到 win95，win98，……都用心學習，並且一開始就學習倉頡輸入法，是以總算可以接軌而不脫節。

所使用這套電腦是專為原來採傳統中打者欲轉型而設計，具有兩個鍵盤。一是電腦專用 keyboard；一是仿中打鉛字字盤，只要以專用筆在所欲選取的字上面按一下，該字就會出現在電腦螢幕上，操作模式如同傳統中打機選字敲打般，但最大的優點是不會有惱人的吵雜聲，這樣，筆者在下班後，仍可利用晚上的時間打字，絕不擾鄰。而打好的電腦字稿，先存成副檔名為「.fmt」的檔案，並做好備份，然後才開始編輯。

因為是採幕後排版的方式，故而編排時，從稿子開始一直到結束，包含目次，章、節大小標，頁碼位置，書眉樣式等，皆需在適當的段落前鍵入排版程式編碼，再轉換至幕前審視其編輯效果，如非所期，則再次轉入幕後排版模式，進行調整，一直到書版樣式確認無誤後，始存檔並以雷射印表機輸出，用紙且特別採質地細密、著墨勻實的道林紙。

而完成之書稿，經逐頁檢查無誤，始裝袋封郵，並於第二天一早 8 點郵局開始營業時投遞，爭取第一趟郵車遞

送，期盡速送達臺北。」

　　因此，每當下班時，妻子表示「文史哲寄回稿子了」，筆者即知需快改快寄回，為此，他常常是在熬過子夜，完稿、輸出、並封郵妥後才入睡。〕

　　3月3日，阿貴正式上班的第二天，他比昨天更早到了辦公室，不想宋主任已經在位置上。

　　「主任早！」阿貴道。

　　「早！」原本低著頭的宋主任聽到他的招呼，抬起了頭。不一會兒，宋主任進入了打字室。

　　「方兄……」宋主任道。

　　「主任可以直接叫我名字。」阿貴回道。

　　「好，想跟你說明一下，本處成立以來，尚未進用過肢障的同仁，你是第一個。而我們辦公室是暫租，因是舊建築，所以沒有電梯，也非無障礙的環境。由於這棟空間不夠用，所以又租了對面國泰大樓的其中一整層，我們這邊是行政部門，對面那裏是業務部門。不過，我們新的辦公室，上個月已經動工了，就在水里溪畔，預計3年之後完工，屆時就會是有電梯的無障礙建築了，所以在這之前，要請你暫時遷就一下，……」宋主任向阿貴說明何以「玉管處」是公家機關，但卻非無障礙環境的原因。

　　因為這樣，阿貴在這租用的辦公室工作3年期間，活動範圍一直都只是在一樓而已，從未上到過2樓以上，如

果有相關事宜需要與其他課室的同事聯絡，也都用的是內線分機。還好，大家知道他不方便，如真需見面洽談，也都會主動來找他。

「你以前自己開打字行當老闆，現在到管理處打字室服務，真是大材小用，委屈你了，不過，公務機關公文繕打時，有其時效性及正確性的要求，並且對於文書內容絕不可外洩，所以也是很重要的工作。」宋主任接著說道。

「主任別這麼說，沒什麼委屈，這是我自己的選擇，我很感謝管理處給我這個機會，我會好好做，也會恪盡職守。」阿貴應著。

「那好，我就不客套，明天或許就要開始忙了。」宋主任接著跟他講述處內公文的傳遞作業流程，說完就走出了打字室。

這天，阿貴依舊沒被交辦什麼業務，於是他將座位四周的物品整理整理，也將那部中打機檢視調校一遍，將字盤上的鉛字，特別是一些常用的標點符號，依自己原來的習慣重新排列。

經營打字行多年，中打自然難不倒阿貴，雖之前稿件多發給家庭代打，除了校對稿回來後，若有修改需要才會用到它外，基本上他已改用電腦了，並且主要以文史哲及證券公司的稿子為主。是以，宋主任所提繕打公文時效性及正確性要求，他反而覺得很有信心能夠達成。然後他也

了解，打字室的另一同事，是採用電腦打字，但因仍有許多公文書，特別是一些已經印製好、制式之空白表格，仍需仰賴中打，才能精準地逐格逐欄套打。

3月4日上午10點多，美惠拿了一份紅色的卷宗進來交給阿貴。她略說明之後，表示希望下午4點前能打好。

這是一份要發給人事行政局制式之人事表格公文。卷宗內有3張格式相同的直式表格，1張是稿，已經以原子筆在空白欄位中填寫入文字或數字，供打字者依文參打；另2張空白，打字時必須先於其間夾入一張複寫紙，再捲裝在打字機滾筒上，打好後，第1張的右上角加蓋「正本」章，第2張蓋「副本」章，最後左邊皆加蓋「機關條戳」章。這樣才算完成這份公文。

因美惠只給兩張空白表格，是以阿貴小心翼翼地，生怕打錯了，還好很順利地在下午約莫3點鐘即完成。他撥了她的分機，說道：

「美惠，我是阿貴，早上那份公文我已打好了。」

「好，我來拿，謝謝！」美惠回道。

[這是筆者與同事美惠的初識過程。回想，她亦是位行事穩重、認真負責，不下比之人，無怪乎嗣後石蒨如主任即借重她的卓越才能，商調她至人事室服務。而筆者之所以只見一面即記住她的名字，乃因她名與自己妻子「惠美」剛好相反。不想，在之後課室之間的互動相處上，她可說

是筆者亦師亦友的好同事，許多公文上應注意之事項都曾經她教導，比如說，應該分辨清楚什麼樣的公文蓋的是關防，哪類的公文蓋的是機關首長簽名章，又何種文書蓋的是機關條戳等等，而其為人處事進退之間也頗予他學習效法榜樣。兩人業務密切合作時間 20 有年，一直到她榮退為止。]

　　阿貴突然想起丁等特考之事，於是又拿起分機話筒：

　　「美惠，妳手邊有關於文書處理的書籍或手冊嗎？如有，可否借我參考？」

　　「我是有一本《文書處理手冊》，等一下拿給你。」她答道。

　　不久，美惠帶來了那本手冊。阿貴順手翻了翻，覺得內容即是自己目前工作上非常需要知道的文書處理相關規定。他旋將得知丁等特考消息的來龍去脈告訴了她，並表示自己平時都忙於自營的打字行事務，實無暇知悉其他，更別說參加公職考試。

　　在阿貴的印象中，「體檢問題」及「有礙觀瞻」二者，一直是存在於身障者考試之途的「路阻」。但是，看過簡章之後，他發現已今非昔比，整體社經環境對於身障者的條件設限也改善了。自己既然決定「轉職換道」，又得知公職考試之門已放寬，那麼自己現在雖只是臨時人員，但也算進入了公門，就必須認真思量應考事宜。只是，考試時間

在即，而剛接的業務及工作上的熟悉，在在需要時間，同時還有文史哲的稿子，他實在沒什麼把握，能在所剩有限的時間裏，充分準備，以應考試。

阿貴想起曾經看過「人生沒有如果，只有結果與後果！」這句話，他握緊手中的筆：

「那就把握機會，全力以赴吧！」

這是阿貴第一次的公職考試。他報名一般行政職系「傳統打字」組，分二試舉行。除普通科目要考國文、公民、及本國史地外，專業科目更要考文書處理大意及中打實地考試。第一試為筆試，第二試為實地考試，筆試未錄取者，不得參加實地考試。而考試成績之計分，第一試（筆試）與第二試（實地考試）各佔 50%，合併計算之。

在剩下不到兩個月的時間裏，阿貴把握住每一刻可用來讀書的時間，絲毫不放鬆。由於「文書處理大意」考的是選擇題，而這部分他以前完全沒有接觸過，剛好美惠借給他的這本《文書處理手冊》，是政府出版品，專供各機關文書人員使用，有其相當的權威參考價值，是以，他將手冊裏的字字句句，一遍又一遍，彷彿書裏每一個字都是考題般鉅細靡遺的研讀著。

考試日期終於到了。近兩個月來，阿貴必須邊上班，邊讀書，同時又要處理稿子，但第一次進入公職人員試場的他，感覺是新鮮與輕鬆的，考試結果，他第一試筆試成

績，通過了錄取標準，讓他具有資格參加第二試的中打實地考試。

實地考試時，因考前尚有些許時間，陪考的妻子緊張心情卻如同她自己要應試般，她問阿貴：

「要不要我去問問看，考試時有沒有什麼該注意的技巧或眉角等？」

「不用啦！都快開始了，也來不及了。」阿貴回道。其實，他也不知要不要問、問誰、或要問什麼。

阿貴的座位是在倒數第二排的第一個位置，待坐定後，他回頭一看，只見整個考場放滿了傳統中打機，考生皆端坐每部機器前，這讓他覺得有點緊張。

不久，監考老師進來，說明考試應注意事項之後，逐排發下了試題。這時候全場完全靜默，鴉雀無聲，大家皆蓄勢待發。當「開始」的考試鈴聲響起時，突然之間，整個試場數十台中打機齊發，字鎚夾著鉛字的敲打聲此起彼落，震天價響，阿貴完全無法聽到自己這部機器的提示聲，以致於自己有好幾行都打超過了，而依考試規則，打錯或超過一字扣一分。

熬過等待的時刻，考試成績終於公布了，經過平均計算，阿貴以「0.58」分之差，鎩羽於第一次的公職考試。失望之餘，他反省這次失誤原因，歸責於自己的緊張及不夠小心，因為經營打字行那麼多年，基本上中文打字沒有

問題，但這次考試，比的是速度及正確性，自己因臨場失常，反而敗在這上頭。

阿貴的心情相當低落，而陪考的妻子，又何嘗不是呢！

＊　＊　＊

過了些許日子，宋主任告訴阿貴，處內要在下個月，為新進同仁辦理為期五天四夜的「認識園區」活動，他也需一起去。行程中會去參訪處內四個管理站及認識各站同仁，宋主任並告以這是屬於公務行程，會申請公務車支援，且會有同仁從旁協助。

回家後阿貴把這件事告訴了妻子，而這將是兩人結婚以來，他第一次在外過夜。

「很好啊！你從來沒去過這些地方，剛好出去散散心，轉換一下心情。」她鼓舞著他。

「我見青山多嫵媚，料青山見我應如是」[13]。這認識園區之旅，阿貴足跡到達了玉管處所轄的南投、嘉義、高雄、及花蓮四個縣市，分別參訪了塔塔加、排雲、梅山、及南安四個管理站，與站內的同仁相識甚歡。

五天四夜的行程中，阿貴所遇恰是無數山，山無數，身在山中無覓處。他相當開心能夠親臨玉山園區中，不同海拔之間，爭奇競秀的迥異林相，與層巒疊嶂的山峰之美，

---

13 宋・辛棄疾《賀新郎・甚矣吾衰矣》。

尤其從合歡山埡口一路下來，四輪所馭，「水聲山色，競來相娛」[14]，眼前所見，雲海翻湧如浪，瀑布山嵐親臨，霞光出雲乍現，仙境美景在目，直是半在眉間半在胸，待瞬間入得五里雲霧之中，又似墜至景幻仙境般地山窮水盡幾不見前路，然而經驗老到的司機同仁，依然輕鬆握駕，談笑風生，直至「劃破青霄始落斜」[15]的下到平地，他才如夢初醒回過神來，而一路上水環山轉夕霏間的如詩景致，猶如走馬燈般，仍一幕幕浮現在他腦際，久久不能忘去。

　　而在這次的認識園區過程中，阿貴聽到處內同仁說，管理處在這次人事局的考試職缺作業時，也申報了請分發考試及格人員的用人需求。

　　換句話說，凡是應考及第者，皆是由人事局依成績及志願辦理分發，那麼，自己這次果真考上了，是否也必須如此，至於被分到什麼機關或單位，就不得而知了，而他就必須外赴到分發單位上班，不能再有如現在惢近的上班距離，這樣，他兼顧家庭的希望與規劃，恐會受到影響。且幾個月來不同以往的生活方式，及離家近的上班地點，讓他越來越喜歡在玉管處成為上班族了，也認為結束打字行業務，舉家搬遷至化外的水里山城，是個完美且合宜的選擇。

---

14 宋・辛棄疾《賀新郎・甚矣吾衰矣・序》。
15 唐・曹松《送僧入廬山》。

　　坦白說，沒能一舉中第，夫妻倆都非常難過，但「我道此來遲更好」[16]，自己既不存五日京兆之心，只得自我安慰「塞翁失馬，焉知非福」，將這「0.58」的差距，視為一個美麗的誤失了。

　　＊　＊　＊

　　「月到中秋分外明」。這年的9月，南投縣政府在日月潭舉辦了中秋佳節施放水上煙火的慶祝活動。妻子得知此消息，相當欣喜地道：

　　「我們帶小儀一起去看，好嗎？」

　　「當然好！但我們必須早點去，不然中秋假日恐怕會塞車。」阿貴也高興答道。

　　「以前住得那麼遠，去一趟就需耗費許多時間，實在不容易，現在日月潭離我們家只有30分鐘的車程而已，實在是太棒了！那我準備準備，我們同時在潭邊野餐。」妻子興奮之情，溢於言表。

　　的確，以前在臺北，因為工作忙碌，這種閒情之下才有的興緻，從沒敢想。

　　他們邊剝吃著柚子，邊仰頭等待著。突然，潭面上空「碰！」聲連連，炸聲四起，只見漫天華彩，五光十色，美不勝收的震耳高空煙火，從潭面上開始施放開來，直如

---

16 清・袁枚《湖上雜詩》其一。

天女散花般，斑斕璀璨地布滿整個夜空。

「哇！好漂亮喔！」女兒指著燦爛奪目的煙火說。

「你看！真的好美！」妻子依偎在阿貴身旁，挽著他的手臂笑說著。

「他們仨」從未親臨現場，如許近的欣賞到這麼具震撼感的「夜空潭面交相映」煙火秀。看著妻女融融天樂笑開懷的模樣，真是金錢難換，阿貴頓覺一切都值了，他相信未來全家都能過著「世役不我牽，身心常自若」[17]的恬適生活。

隔年中秋節，南投縣政府再度在日月潭舉辦水上煙火慶祝活動，他們當然再趁地利之便，兼秋再與冰輪千里相約，共賞明月美景。

＊＊＊

「乾愁漫解坐自累」[18]，阿貴對人事法規不熟，或許「考上之後必須接受分發」的執念是自己想太多了，應該先求考上再說，因為考取公職才能改善自己目前的薪資狀況！也不可因為一次失敗就輕言放棄自己的既定規劃。

痛定思痛之後，他深自檢討，明白必須接受落榜事實，重新振作，再接再厲，既已轉換人生跑道，進入公務體系，就必須勇往直前，繼續應試並不做他想，只因為弓已自搭，

17 唐・白居易《觀稼》。
18 唐・韓愈《感春》詩之四。

箭更在弦，他必須一矢中的，爭取名正言順成為一名合格
實授的公務員。

　　自此，阿貴開始關注考試院國家考試的相關資訊，看
看是否有自己能報考的項目。已經 38 歲的他，為了達成這
個目標，克服了白天上班，下班後打字或裝潢所必須佔去
的時間，以函授方式，努力研讀那些國家考試規定，但以
前求學時期甚少涉獵的陌生應考書目，例如《行政法》、《行
政學》、《法學緒論》等，數年期間，每年他都至少報名參
加一至二種的普考或地方特考，但每每都以些微差距或錄
取名額有限而未能如願，不過每一次的失敗，他都視為是
考試功力與考場經驗的累積過程，他深信總有成功的一天。

　　一位處內同事，見他屢考屢敗，總難掩失望難過之情，
曾經好心加以勸慰道：

　　「其實，你不必考得那麼辛苦，雖然你現在的身分是
臨時人員，但有『殘障福利法』的規定！管理處必須進用
一定比例的身障者，所以除非你犯了大錯，否則每年續約
應不成問題。」

　　同事雖然好意，但其言一閃即逝，並未在阿貴心中留
駐任何痕跡，因為他認為殘障福利法的所謂「保障」規定，
對任何身障者而言，都是一種等同施捨般的荒謬條文，都
是所謂義務進用機關或單位，在被動、深怕違法受罰之下，
而不得不的非自願行為，許多公司企業，甚至因為怕麻煩，

或不想改善無障礙設施，而寧可繳交差額補助費也不願足額進用身障者。

十九世紀，英國 Victorian era 維多利亞時代的小說家 Thackeray 薩克萊曾說：「播種思想，收割行動；播種行動，收割習慣；播種習慣，收割品格；播種品格，收割命運。」阿貴也以為，幸運是存在一個人的品格之中，人的命運亦由自己決定。他深信，One can create one's own luck.一個人可自創命運，只要越努力就會越幸運，而它們也總在追求和奮鬥的過程中顯現，而非成功之後。「澤雉十步一啄，百步一飲，不蘄畜乎樊中。」[19]自己雖形殘但神全，既決定投入公門，則絕不能視通過公職考試，取得資格為畏途，更何況，具備了資格，也代表符合政府機關甄才的合格實授條件，也才有職場尊嚴可言。因此，他仍不作他想，依然戮力以赴。

民國 84 年，經過多次公職應試的功力累積，阿貴再度報名三年才舉辦一次的丁等特考。對於這一次的大比之試，他擬訂計畫，寐晚興夙，傾盡全力，將公餘時間都用在讀書這件事上，而妻子依然再次包攬了全部的家務，只為了讓他無後顧之憂，能夠專心一意於考試準備。

「菊殘猶有傲霜枝」，妻子的堅毅，讓阿貴感受到滿滿

---

19 《莊子‧養生主》。

的鼓勵之情。

　　考試之日，阿貴充滿十足信心，在妻女的陪考下，完成了這第 5 次的公職考試。當最後一堂考試時間結束鈴聲響起時，他「輪」出考場，神情略顯激動。那是一種久熬許久、壓力釋放的輕鬆神態。他對妻子說：

　　「惠美，我想這一次我應該可以考上了！」

　　但是，老天爺對阿貴的考驗似乎仍未停止，也或者是他的實力真的不足，這第 5 次的努力付出，並沒有如願得到報償。考試結果，他平均成績是「86.5」，這在過去幾次考試中絕無僅有，但錄取標準卻是「87.5」。他再一次以 1 分之差敗北，無緣公門。

　　得知考試結果時，夫妻倆正坐在客廳，相視間，阿貴突然抱住妻子痛哭失聲。結婚這麼久，這是她第一次看到丈夫哭得如此傷心，她實在不捨，但並沒打算阻止他，她深知此時必須讓他好好宣洩那積悶許久的壓力。因為沒有人比她更了解，為了考上之後能獲取一份好而穩定，足夠安家的薪資待遇，他是如何地停辛佇苦，埋首書堆，又是怎樣地俾晝作夜，廢寢忘食，不浪費每一分鐘可用時間，奈何天不從人願。身為妻子，儘管難過不亞於丈夫，但這時卻必須強忍住自己內心難過之情，轉而盡力舒緩他的挫敗情緒。

　　過了許久，阿貴才漸漸平復，像喃喃自語，又似對妻

子說話：

「大概我沒考運吧！算了，就這樣了！我不再考了，妳也不必再跟著我受累了。機會是留給準備好的人，也許是我根本還沒準備好吧！」

「不，我知道你已經非常努力了，但既然成績如此，我們只有接受它。今天我們就暫時先不想這件事，好嗎？」妻子安慰著他。

「好，辛苦妳，也讓你受苦了！」阿貴擦乾眼淚，坐直身子，眼前卻一片白茫，對於未來，不知該何去何從。

「別想了，這不還有我嗎！」妻子摟摟他，再度展現了女性堅毅的一面，特別在這時候。

＊　＊　＊

阿貴明白玉管處是直屬中央的行政機關，其上級機關是「內政部營建署」，在南投地區可說是遠近馳名。對於在此上班的同仁，機關均配有制服，街坊鄰居一看，即知他是在哪上班。當他第一天穿上它時，頓感與有榮焉，但也深知這身服裝，代表的是「玉管處」的處譽，於公於私他都必須謹言慎行，嚴肅以對。

民國 84 年 4 月 11 日，也就是阿貴到玉管處服務的 3 年之後，新辦公室「玉山國家公園管理處暨訓練中心」（水里遊客中心）正式落成啟用。這是一棟有著透明電梯，環境毫無障礙，整體美侖美奐的建築，座落水里溪與濁水溪

交界處，遊客若選擇從臺 16 線，經集集進到水里來，遠遠便可瞧見它的雄偉英姿。在水里，玉管處可說是當地著名的地標！

新辦公室啟用之後，處裏隨即啟動辦公室搬遷計畫，同仁們都興高采烈、開心迎接入厝喜事。新的大樓，處外從停車場開始，即有不陡的專用斜坡，上到斜坡平面，是兩片感應式、左右自動開合、印著玉山 logo 標誌的強化玻璃門，輪椅所到之處，包括無障礙廁所，皆是平面設計。

處裏也充分考量到阿貴的需要，將打字室設在一樓，也為他添購了電動輪椅。

[直至民國 107 年，筆者時年 64 歲，因家庭需要申請提前 1 年自願退休，總計在玉管處服務的 20 幾年歲月中，共公費使用更換過 3 部電動輪椅。

因為親身的體會，筆者真正了解到一個完全無障礙的工作環境，對於身障者是多麼的重要。]

然而，從 81 年 3 月 2 日報到任職以來，雖然處裏有著各項的福利措施，同仁之間也都相處得非常和諧愉快，但是礙於規定，臨時人員的薪資結構，始終是採日薪制，而且「服務年資」還不採計。曾經有一個農曆年，阿貴領到的薪水只有 16,800 元，幸靠妻子節流使用，加上年前及時領到一張文史哲稿費支票，總算勉強度過該個年頭。

阿貴並無怨懟之心，因為這個工作機會是自己拜託好

友引介所得，待遇也早經知悉。只是在他心中，卻從沒忘記因 1 分之差飲恨的丁等特考，以及夫妻抱頭痛哭的失意場景。

然而「放棄不考」雖言猶在耳，阿貴心中卻一直深切明白，只有通過考試，才能真正改善家中的經濟狀況，也才能依規依法參加年度考績評等，晉級調高俸點，合法調整薪津收入。自己應「竭力庸債，以致甘暖」[20]，為心愛的家人全力以赴。是以，他仍一直關注著考選部的考試資訊。

民國 85 年 1 月 17 日，公務人員考試法修正公布，為落實憲法及身心障礙者權益保障法（原殘障福利法）對於身心障礙者就業權益之保障，提供身心障礙者擔任公職的機會，增列得舉行公務人員特種考試之規定，以照顧身心障礙者之就業權益。同年 4 月 25 日，「公務人員特種考試殘障人員考試規則」訂定發布，並於該年首次辦理殘障特考。

這項訊息，令阿貴相當振奮。他告訴自己：

「機會又降臨了，這次我一定要好好把握。」

阿貴立即暫停家裏的 DIY 裝潢工作，著手準備應考事宜。而妻子也如前再度挑起全部家務，再一次地用她的方法輔佐協助他，她並請沈瑩代為購買簡章寄至家裏。

---

20 晉陶潛《孝傳》，江革行佣供母。傳曰：「江革，齊人也。漢章帝時，……竭力庸債，以致甘暖，……。」

收到的當晚，阿貴立即詳細閱讀這次的考試規則。其中，他最重視的是「錄取名額」及「錄取方式」。簡章中註明：本考試分北區、中區、南區三區辦理，「錄取方式」分別依各該區出缺名額錄取並分區分發。換句話說，在哪一區報名，則在哪一區依該區缺額錄取並依序分發。即不能在北區報名，考試錄取後，卻在中區分發。

阿貴了解錄取方式之後，心想這大概是要防杜應試者爭相報名缺額較多的考區，蓋其較有機會錄取之故。他再查各區預計之錄取名額，不覺心頭涼了半截，因為，他所要報考的中區，只預計錄取 1 名。他望天興嘆道：

「只有 1 個名額，這怎麼考！那不是非考第一名不可嗎？我就算報名了，恐怕也只是陪考而已！難道真是『大道如青天，我獨不得出』[21]嗎？」

阿貴有點不知所以，向妻子說明中區只預計錄取 1 名，及自認機會渺茫的心情。但是，她的話讓他又重拾了信心。

妻子對他說：

「阿貴，『凡事非因具見希望而拼，乃因拼之纔有希望，若必待萬事俱備之時至，晚矣！』這是我在有聲書中聽到的一段鼓勵人心的話。我們以前創業時，所持的態度

---

21 唐·李白《行路難》。

及精神正是如此，這次面對如此艱難的處境，也應該堅持相同的信念才是！雖然只有 1 個名額，若不報名，則根本是棄考而毫無機會，但報了名，則哪怕名額受限，也機會在握。憑你過去所累積的實力，我認為仍有可為，何不放手一搏呢？」

「惠美，謝謝妳，妳剛剛說的這幾句話，真如醍醐灌頂！好，我決定報名，『貳人同心，其利斷金』，我會全力以赴，不讓妳失望。」阿貴握著妻子的雙手說道。

是的，此去行路雖難，終必「長風破浪會有時，直掛雲帆濟滄海。」[22]阿貴堅決地握緊拳頭。

報完名之後，距離考試日期也僅剩兩個月。在阿貴背城借一、埋首書案的同時，這次的殘障特考，各區原定之錄取名額竟有了變化。

或許是各界期待殷切，認為第一次舉辦，全國之錄取總額應較簡章中所列名額更多才是，質疑各機關並未真實填報缺額。人事行政局也因此再轉請各用人機關予以核實查填，並函示「留用視同報缺」之任用參據。

對阿貴來說，這個改變無疑是一大轉機，因為所報考之中區，因此而錄取名額增加為 3 名，並增列備取 1 名。錄取者如經原未查填之機關留用，而不佔錄取名額，則由

---

22 仝21。

備取者遞補之。

民國 85 年，時年 42 歲的阿貴，繼 4 年多前的「歸零轉職」抉擇之後，再次扭轉了自己的人生命運，在歷經 5 次考試失利，仍鍥而不捨，終在第 6 次的殘障特考幸得折桂，正式取得了公務員任用資格。

考試成績公布，阿貴以「第二名」幸獲錄取，並由於在處內表現受到肯定，經李處長批請人事室協助，辦理用人機關的留用作業。

這次，夫妻倆又哭了，但他們是因苦盡甘來，喜極而泣啊！他再度抱住了妻子，深情的對她說：

「惠美，謝謝妳，因為妳的鼓勵與支持，才有我今天的『錄取』，妳真是我生命中的『太白』啊！」

> 只恐前途明有變，勸君作急可宜先，
> 且守長江無大事，命逢太白守身邊。

這籤詩是阿貴在妻子的鼓勵下，抽自水里玉峰村「慈雲寺」，果真應驗在這次的考試上，而其背後的推手，正是毫無怨尤、甘於「子佩子戴」[23]的妻子！

[其實，當筆者知道殘障特考中區名額只預計錄取一名，覺得自己考取機會渺茫而顯得相當失望之際，妻子反

---

23 漢・揚雄《琴清英》。

鼓勵勿放棄，她迂迴地說:「慈雲寺，距離我們家不遠，附近風景又美，要不我們去走走，同時你也去那兒再抽支籤，問問看這次的殘障特考機會如何，命裏有時終須有，不是嗎?」]

考取公務員資格之後，阿貴的薪資也從原來臨時人員平均月領 2 萬元，變成正式以公務員敘薪，平均月領 3 萬餘元。這無疑大幅地改善了他們的家計用度情況。而且，他開始有特休假了。由於妻子仍需固定時間回診，之前為了不讓他請扣薪假，她都是辛苦地以其殘存視力，自行搭火車往返。現在，他終可親自載她了。

阿貴自此每年可參加一年一度的考績考核，並視獎懲考列情形，晉升俸級，換句話說，只要表現良好，他的薪資會逐年調升。然而，改善家中經濟狀況固然相當重要，但他最在意的，是工作地點的離家近，因為兼顧家庭才是他最主要的考試目的。

4 年多來，阿貴已經了然公務機關如玉管處的人事及薪資結構。處內的用員，分為三類:

⑴公務員（公保、月薪、受公務員服務法永業保障、特休年資採計）。

⑵約、聘僱人員（勞保、月薪、行政院專案一年一聘、特休年資採計）。

⑶臨時人員（勞保、日薪、一年一約、特休年資不採

計）。

其中的臨時人員薪資最低，阿貴在尚未取得考試資格前，人員身分即屬於此類。而公務員除了薪資最高外，並依法具有參與相關升遷規定資格。

阿貴原即無追求仕途之情性，凡所求純為覓尋可安家樂業之安居謐境，此其毅然轉職換道、積極參加國家考試的主因。然而，備考之過程種種，猶如創業的方方面面，其所必須獨對之孤寂艱辛，誠非筆墨所能盡，要非箇中親歷者，實難體會。

但是，有一個人能完全明其順逆，察其甘苦，以己羸弱身軀，勤勉持家，不管晨昏，無論寒暑，對他始終不離不棄、毫無保留、給予支持；一個生命中雖遇衰颯，依然勁節，以其凌霜傲雪之姿，助他及第的人；一個與他一起胼手胝足，篳路藍縷，共度難關的人；一個他生命中最重要的精神支柱與最摯愛的人；一個守護在他身邊的「太白」，這人就是他最最摯愛的妻子。

妻於臺南白河荷田留影

泗州東城晚望

渺渺孤城白水環，
舳艫人語夕霏間。
林梢一抹青如畫，
應是淮流轉處山。

—— 宋·秦觀

　　設若人生如畫，或旭日東昇，或日正當中，或落日餘暉，不同階段有其異；而如果像照片，是黑白還是彩色？又將停格於何？風和日麗？撥雲見日？抑驟雨狂風呢？

　　而若欲此畫自繪，斯景自取，則唯「持守」能自發自決而活出「真我」。在阿貴生命林梢之後的那幅自畫像，正是翠練千丈的「玉山」美圖。

　　老子曰「飄風不終朝，驟雨不終日」，無畏一時橫逆，終可得和暢惠風。

林梢一抹青如畫

　　若從興趣、個性、適合度等方面討論，嚴格來說，阿貴只從事過兩種職業。

　　古詩云「生年不滿百」，則這兩職之任期，可說幾佔了阿貴生命中最重要歲月的大半。他深自慶幸在許多貴人幫助下，能夠忝身「玉山」之中，玉管處於他而言，猶如「林梢一抹青如畫」後面那片平坦的靠岸，那座綠蔭深濃的「轉處山」，在這生命的轉彎處，他再也無需「常懷千歲憂」了。

　　第一個職業是自己創業。阿貴以約 12 年時間，創營同心打字行。雖自知質薄術朽，創業伊始全然不知其方，也了解艱困巨石，將橫陳眼前，但夫妻憑著信心、學習、堅持、及誠信之態度，採取一步一腳印、穩紮穩打、秉持誠信之經營理念，終獲客戶肯定而業務蒸蒸。唯一深以為憾的，就是與他同甘共苦，工作、家庭兼而承之的妻子，卻因此而罹患重病。也基於此，他決定歸零重新開始，帶著妻女，來到水里，所圖唯盼再建新境，期能彌補愛妻於一二。

　　另一就是近 22 年的公務員生涯，如果併計前面臨時人

員的時間，阿貴在玉管處服務的歲月，倏忽之間，直與物推移了 26、7 年。而轉職並選擇「玉山」這個人生跑道，是他自認最睿知的決定。因為，在常年瑞靄山頭的「玉山」照拂之下，他不只有了一個夢寐以求的無障礙工作環境，也能以一己殘缺之力，兼及心愛的家人。人生至此，夫復何求？

　　＊　＊　＊

　　為無負好友推介初心，及務必對得起所領這份國家俸給信念，阿貴服務玉管處期間，其言行舉止、出處語默，皆知所先後、恪守分際，絕不下比以闇上，尤其在自己工作崗位上，更是亶勉從公，不敢稍怠。因此，從事公職以來，他公私兩宜，表現良好，也與同事建立了珍貴情誼，結交了許多人生摯友。

　　本就無意仕途的阿貴，之所以在生意正好之際結束打字行業務並搬遷水里，就是為了安家，照顧心愛的家人。是以，他在幸取殘障特考五等資格之後，雖有同事鼓勵他打鐵趁熱，繼續攻考四等（相當普考）或三等（相當高考），但他並未這麼做。因為若考上了，他極有可能因此而必須離開「玉山」，到外地機關任職，而這樣的結果，顯然違背了他「離家近、顧好家」的基本訴求，加之，當初購買水里這棟透天厝，交屋時其內部裝潢全無，直可以用家徒四壁形容之，自己之前曾允諾妻子，為其打造一個溫馨舒適

的家。但是，參加公職考試，是必須專心致志，心無旁騖，時間上更是不能虛擲，是以妻子為了支持他，數年來都以極克難的方式操持家務。如今得償所願，考取公職資格，在妻子的協助之下，他開始積極進行這件事情，惟囿於經費促限，故決定 do-it-himself，自己做。而考量妻子家務的整理方便，他在家中的適當位置，依其使用需求，量身打造了利於收納整理及清潔維護的各式家具，讓她在視力受損情況下，依然能夠一如己意打理家務。

另一方面，阿貴恪盡本分，在工作上認真負責，在業務上不斷創新，凡所執行之事，絕不偭規越矩。透過人事室同仁說明，他了解到一些人事法規：「公務人員之身分應予保障，非依法律不得予以停職或剝奪。」、「考績考列甲等，晉本俸一級。」、「二年列甲等者，取得同官等高一職等之任用資格。」

阿貴覺得，只要自己盡忠職守，不違反相關規定，似乎也可依法獲得與更高階考試相同之結果，不僅薪資會逐年調高、家中的寬裕用度也能逐漸改善。這樣，能晉級升遷又無須離家遠，如此豈不兩全其美？而「兼及家庭」這部分，正是他最念茲在茲的事項之一。

［直至 107 年自願退休，筆者每年的考績，均受考列為甲等。］

＊＊＊

　　民國 88 年 9 月 21 日凌晨 1 點 47 分，中部山區發生芮氏規模 7.3 強烈地震。當時，阿貴夫妻倆睡在二樓後面房間，而房門口即是樓梯。睡夢中突然都被震醒，感覺房子正被強烈的左右搖晃，再上下震動著。兩人同時喊道：

　　「地震！地震！快！快到牆邊去！」

　　但是兩人只能癱坐床上，根本動不了，因為房子搖晃得非常劇烈，就像被巨人拿在手掌中的火柴盒般，忽兒被猛甩，忽兒又被用力搖動，只一層樓高度的樓梯，兩人竟必須分好幾次才能下得來，待到一樓平面，他立刻打開大門，與妻子暫時躲入院子中汽車內。驚恐未去之間，餘震又接連不斷來襲。左鄰右舍許多人也都跑到屋外，相互問安，大家都議論紛紛，這時，有手電筒光束自院子前的巷道右側照來，是住後面鄰居「阿凱」。

　　「都出來了齁！都沒事吧！」阿凱將手電筒對著他們照了照，關心問道。

　　「都出來了，我們都平安，謝謝！」阿貴答道。

　　漆黑中，餘震持續不斷，也一直有瓶摔罐破碎玉盤的巨大響聲，聽來令人驚惶無已，最後地震雖然停了，房子也不再搖晃了，但兩人似乎還感覺身體搖動不止。想到剛才地動天搖，瞬間停電，東西破碎，直如天崩地裂般，真是餘悸猶存！他們同時想到就讀南投中興高中、住在學校宿舍的女兒，但電訊中斷，手機不通，也只能相視，面露

擔憂之色而無能為力，只好祈禱妻子平時對女兒教導「出門在外，如果突然遇到什麼緊急或災難事件，一定要先保護好自己」的話，她仍記得，也有依言而行。

「我們家看來沒事，學校想來也是，學生有教官照顧著，應該也安全，等天亮了，再想辦法聯絡她。」阿貴對著妻子說道。

天亮後，確定女兒平安，夫妻倆這才放下心來，但學生宿舍也受損嚴重，必須將女兒接回家，但南投到水里的客運交通已經暫時中斷，於是阿貴決定自己開車去接。

一路上不是路面隆起、道路不通，就是橋樑中斷、阻礙重重，在滿目瘡痍，車行遇險需不斷繞道的情形下，阿貴花了比平常多出數倍的時間，好容易才將女兒及同住水里的其他 4 個同學一起安全接回。

福地福人居，阿貴家四周大致安然，房子結構也沒問題，但部分隔間牆面有龜裂現象，幸好房屋保有「地震險」，產物保險公司人員也在第一時間派人探視，嗣經技師鑑定，房子尚無嚴重毀損，只需稍事修整。

說起這事，他還真佩服妻子的未雨綢繆，虧得她在 6 月份提出為房子投保地震險的建議及作為，才能在遇到如此巨大的災變時，幸而無毀我室。

「921」不只造成了中部，特別是南投地區各鄉鎮嚴重屋毀人亡災情，玉管處水里辦公室也無得倖免，處內各課

室均有嚴重且程度不一之窗破門損、天花板崩落情形，雖經緊急搶修，但也足足一個月餘，同仁無法正常上班。

　　＊　＊　＊

　　在玉管處服務期間，阿貴非常感激人事室同仁對他的關懷與協助。舉其犖犖大者，從殘障特考的留用簽辦、主動爭取嘉獎記功機會、到報送參加委升薦的訓練等等，一切點滴均在他心頭。

　　阿貴由於職務之需，必須經常公出至所轄各管理站，或與處內各單位洽接業務。惟偌大園區之內，諸多課室之中，初覺所到之處盡皆「路繞山葱蒨」而難以捉摸，逮漸悉之後，始有「如出天地間」之豁然開朗感受，對初任公職、人微言輕的他，於深覺自己何其有幸，能得到人事室「隔牆分送一枝春」[24]之溫暖暨毫無世態之協助的同時，也暗自附比其他課室主管之本位與排擠，而其處遇間之冷暖，實有如寒天飲冰水般。

　　而「人生交契無老少，論交何必先同調」[25]。雖都說宦場高處不勝寒，惟其居高位者若具「文質彬彬、和風暖日」之親切人格特質，則皆能公私兩宜，與眾相親，與人和善，自重重人，自達達人，並展現真我與獨特光芒，即處人際關係變復之間，其必不自寒，更無寒人之言行。而斯人斯

────────────

24 唐・戴叔倫《旅次寄湖南張郎中》。
25 唐・杜甫《徒步歸行》。

事，皆具見於「玉山」，阿貴有幸親睹，他嘗思當望而儼雅
自求，傚優孟之效行。

＊＊＊

「機會真的是留給準備好的人嗎？」

6 次公職考試經驗當中，阿貴常這樣自問，而他深知，
答案其實言人人殊。當初他人生轉彎來到「玉山」，似乎就
並沒有準備好！其所憑藉唯迎對困境的無畏勇氣和超越難
關的堅定自信。因此，他的答案是：機會是留給 Do it right
now，即時行動的人。他以為，機會具流動性，稍縱即逝，
己身必須保持動態平衡，且需主動去抓取，但又不是「勒
住怕捏死，放手怕飛走」的猶豫不決。所以，不是 Favors the
prepared mind，非準備好機會便降臨，而是 In the fields of
challenge, chance favors only the prepared mind.，也就是所
對雖充滿挑戰，只要勇於 change 改變，就有 chance 機會，
而其過程，雖僅改變一個英文字母，卻在「玉山」，他得到
了印證：

為推動民國 97 年國家發展重點計畫之「營造國際化生
活環境，提升全民英語能力」政策，行政院在 92 年 3 月 7
日訂定「提高公務人員英語能力計畫」，正式推行；復於
93 年 8 月 23 日訂頒「提升公務人員英語能力改進措施」，
期與國際接軌。在全球化、國際化潮流衝擊下，為激勵公
務人員研習英語，行政院頒訂政策計畫時，將通過全民英

檢或相當之英語能力測驗（例如：TOEIC 多益），列入「公
務人員陞任評分標準表」中「個別選項」之加分項目之一。
換句話說，凡通過英語能力檢定者，於陞任評分方面，較
有機會出線。

　　緣此，處內期許所有同仁，應至少取得「初級」的英
檢資格，人事室也為此聘請講師，辦理了許多輔導課程，
並協助參加測驗檢定。

　　阿貴當然也不得例外，還好他對英語原就有興趣，所
以並沒有感受到任何學習壓力，既然因為家庭需要而沒打
算再參加更高階國家考試，那現在只要通過英語測驗，取
得英檢資格，在陞任評分表上就可獲得加分，增加晉升的
機會，他當然要努力研習、爭取佳績了。

　　阿貴的自學方法是透過網路上免費提供之教學網站，
例如「空中英語教室」，每天上線學習，為了訓練聽力，也
會透過 YouTube 閱聽一些外國 native 英語學習頻道，例如
「Speak English With Vanessa」、「linguamarina」、「Learn
English with EnglishClass101.com」等等，而為了及時收看
線上課程，他後來選擇不再訂閱英文期刊，因為他不想「靠
勢」（台語）認為說，反正手上有雜誌和光碟在，今天如果
忙（其實也許是偷懶），那明天再讀，最後讓英語學習這件
事變得不了了之，所以，他每天會固定打開電腦中早已設
定好之英語學習頻道，也除了時間外，他幾乎不花什麼費

用。

經過一段時間學習，阿貴取得了 GEPT 全民英檢初級檢定資格，本來這樣已經達到管理處之要求門檻，但他仍持續學習，並選擇參加另一「多益」測驗，竟然意外地考了 575 分的中級成績，雖無法跟高標相比，但自己確曾努力過，也為「陞任評分表」增添了許多分數。

[猶記得每次進考場時，筆者都是教室中年紀最大的考生，因為當時自己已白髮蒼蒼老矣。]

＊＊＊

民國 98 年 11 月下旬，阿貴在下班途中，突然感覺左眼似乎像被飛蚊叮了一下般，有點刺刺的感覺，他將機車靠邊停下，眨眨左眼，看看後視鏡，再以手撫，好像又沒怎麼樣，他便再發動機車，慢慢騎回家。

進入家門後，他將這件事告訴了妻子：

「我剛剛下班騎車時，感覺左眼好像有什麼東西叮了我一下，但現在照鏡子，也沒發現有紅腫的現象。」

「會痛嗎？」妻子問。

「不會！外觀也無異樣。」阿貴答。

「那就觀察看看吧！真有必要，就去眼科檢查。」妻子續道。

「好！」他應和著。

之後的幾天，一切也都如常，但阿貴始終覺得左眼存

在異樣感。於是,他上網掛了埔基眼科,心想還是去檢查一下比較放心。

診間外沒什麼人等候,很快就輪到阿貴。賴醫師聽完他的敘述,便透過一旁儀器,看了看他的左眼,說:

「看來沒問題,可能是眼睛太乾,我開瓶人工淚液給你,需要時再點即可。」

「賴醫師,我需要散瞳檢查嗎?」阿貴問道。

「不用,我這檢查鏡也可看到眼底。」賴醫師兀自看著她的電腦。

「謝謝!這樣就可以了嗎?」阿貴再問。

「是!」賴醫師答。

護士小姐遞還給阿貴健保卡及列印好的批價單,告以批價領藥後即可離開。

民國 99 年 1 月 11 日(星期一)早晨,阿貴起床睜開眼時,突然發現自己左眼上方有一道左細右寬、橫遮視線的黑塊,他以為是被下眼皮遮住了,於是揉了揉眼睛,但黑塊並未消失,趕緊進到浴室照鏡子,鏡中他的左眼外觀看來並無異樣,他直覺認為眼睛內部有問題。

換好衣服,阿貴下樓便急切地問妻子:

「惠美,楊醫師今天有看診嗎?」

楊醫師是草屯「現代」眼科、妻子的眼科醫師。

「今天沒有,明天下午才有,怎麼了?」妻子回答他。

阿貴將剛才自己左眼的情形告訴了妻子，並說道：

「那妳幫我約好嗎？我明天去讓他檢查一下。」

「好！我幫你約。」妻子道。

待阿貴上班後，妻子立刻打電話掛好了號，同時也商請沈澄明天前來幫忙。

第二天近中午，他們先去接沈澄，然後一起到了「現代」。楊醫師聽完阿貴的陳述，先請護士為他的左眼點散瞳藥水，約半小時後，仔細檢查了他的眼底，一旁的妻子早已面露擔憂與緊張神色，焦急問道：

「楊醫師，我先生的眼睛，有沒有什麼問題？」

「方先生，方太太，我檢查之後，確定是視網膜剝離沒錯，還好並沒有完全剝落，但必須趕快處理，只是診所設備不足，我開轉診單給你們，不知彰化彰基或台中中國醫藥學院，哪兒對你們較方便？」楊醫師以安慰的語氣問道。

妻子一聽到「視網膜剝離」，整個人宛如轟雷掣電般地震住了，一顆心也跟著沉了下去，半晌才回過神來，答道：

「呃！……中國醫藥學院好了！……」

「好，明天下午陳文祿醫師剛好有診。……」楊醫師邊開單邊說道。

「那我們要準備什麼嗎？」妻子接著問道。

「你們直接拿轉診單去找他，不用掛號，那邊會安排。」

楊醫師答。

「謝謝楊醫師。」夫妻二人面色凝重地離開了診所。

沈瀅見狀，安慰妻子說：

「惠美，別擔心，明天我再陪你們去。」

隔天，他們午後一點多到了中國醫藥學院眼科，將轉診單遞給護士。過了許久，診間叫了阿貴名字。陳醫師檢查之後，沒等他們問，就接著說：

「是視網膜剝離沒錯，要快點開刀，不能拖！」

「陳醫師，請問我現在是什麼情況？一定要開刀嗎？」阿貴問道。

未見陳醫師回答，心急的阿貴又再詢問一次，卻被阻止了，只聽陳醫師道：

「你不用問那麼多，你的情形只有開刀一途，你們先出去商量開不開，決定了再進來告訴我，若要開，護士小姐會告訴你們接下來如何辦理。我後面還有很多病人等著看，你們這樣問下去，要看到什麼時候？但如果今天不決定，下次來時需重新掛號，如因此而延誤，你們可要自行負責！」

面對如此主觀且不耐之診治態度，幾乎不給溝通及詢問機會，對於求醫心切的阿貴，實在感受不到來自醫生的同理心。從進診間到被請出來，其實並沒有多少時間，但兩人感覺像是被趕出來般。

沈瀅打抱不平地說：

「這醫生看診怎麼這個態度！真是的！」

「惠美，這位陳醫師太自我了，連問個問題，他都顯得那麼不耐煩，萬一開刀不成功，也一定會將責任推到我們身上，說是我們自己所造成，我實在沒信心將自己的眼睛交給他。」阿貴對著妻子說道。

「對！我也深有同感。」妻子道。

在診間外的走廊轉角處，夫妻二人相視無語，然而，彼此心中似乎都有了相同的決定。

回家路上，妻子建議：

「我們去臺北中興找蔡主任。」

「我也正這樣想！」阿貴立即應道。

一旁的沈瀅聽後，好奇的問道：

「怎麼，你們認識他？」

「是，他真是我所遇到過最好的醫生，事情是這樣子的……」妻子向沈瀅娓娓道出如何結識蔡醫師的過程。

民國 95 年 3 月，我聽著電視「健康 2.0」節目，來賓之一正是臺北中興院區眼科主任蔡景耀醫師。蔡醫師在節目中，介紹了中興最近所引進的新儀器，一種新治療眼疾方式——「視網膜黃斑部光動力雷射與紅外線雷射」。聽了之後，不覺燃起一絲希望，心想：「也許對我的情況有所幫

助也未可知，我是否應該去看他，但臺北一趟路那麼遠，……」

　　當天晚上，我告訴先生這件事，他也贊成我去。他說只要有一絲希望與機會，都不要放棄。於是我們查了蔡醫師的門診時間，但由於是初診，不能網路預約，所以必須至現場掛號。

　　雖然我們一早就從水里出發，但趕到中興時掛號時間已過，只能等掛下午號。護士小姐看到我們都坐著輪椅，也了解到我們是遠從南投水里來，便請我們至候診區稍等。

　　12點半過後，護士走向我們，說道：

　　「剛剛我將你們的情況告訴了蔡醫師，蔡醫師表示要利用午休時間幫柯小姐看看，請你們現在進去。」

　　我們喜出望外，在護士小姐協助之下進入了診間，只見蔡醫師笑盈盈地迎了上來。蔡醫師花了一些時間聽我細述自己眼睛因 SLE 併發症，所造成現在的情況，然後很仔細的幫我做了一系列的檢查，對我說：

　　「柯小姐，我大概了解妳的問題了，但我需再幫妳安排一些其他項目的檢查，纔能更清楚知道妳現在眼睛的情況，所以，你們可能必須再來一、二趟喔！」

　　「好，沒問題，謝謝蔡醫師願意幫忙。」我非常感激的回道。

　　「那等一下我就開檢查單及幫你們預約看報告的時

間！」蔡醫師邊說邊打著電腦。

蔡醫師幫我安排了「眼底攝影」及「神經傳導」等檢查項目。但是，這些都必須配合檢查室的時間排程。因此，一星期後，我們再次北上。

依蔡醫師預約回診看報告的時間，我們三度北上中興。當我們進入診間時，蔡醫師依然是那麼親切的招呼著我們：

「柯小姐，妳好！妳的檢查結果，看起來視神經的傳導功能很不好，加上之前為了阻止小血管出血，打了很多雷射，也造成了視網膜嚴重受損，所以妳感覺視力模糊，主要是這個原因。我做個比喻，如果正常的視神經是 100萬，那妳的只剩 5,000，不過，我們還是盡量以藥物控制眼壓來維護它，希望能保持原來的光感及物影感。另外，我們所引進的光動力雷射，並不適用妳的情況，所以，很抱歉沒能幫上妳的忙。……」

「謝謝蔡醫師，我了解！沒關係，我只是聽到你在節目中的介紹，心想前來看看對我有無幫助，感謝您那麼忙，還願意為我進行如此多的檢查，真是非常感謝。」

接著，蔡醫師拿出了一片光碟及數張圖表給我，說：

「這是妳這次的檢查結果，將來妳若有就近看診需要，就不用再辛苦檢查，直接把它交給醫生參考即可。」

「謝謝蔡醫師，謝謝！」

回程在路上，我雖為這次專程北上看報告的結果，情緒很低落，剛開始一直沉默不語，但車子上了高速公路沒多久，我就對阿貴說：

「雖然蔡醫師說沒能幫到我的忙，感到很抱歉，但我知道他已盡力，我非常感謝他所做的一切，蔡醫師實在是客氣又有愛心，且能同理病患，我從未遇過這麼好的醫生，能夠認識他，也算是此行最大的收穫了！」

那年，我就請阿貴寄了新年賀卡給他。在後來的數年中也都這樣做，很欣喜的，也收到了蔡醫師的回復。

這就是我們認識蔡醫師的過程。

回到家當晚，阿貴先上網大林慈濟醫院眼科掛了號，思尋另一醫師意見；另依兩人早先在回程車上的討論，以妻子名義，寫一封信給蔡醫師，隔天一早以限時掛號寄出。信中除說明先生的眼睛情況外，同時表示將於下週一北上中興、現場掛號、尋求其幫助云云。

星期四上午，阿貴上班前，妻子對他說：

「今天我會聯絡一些事，看看能不能對你的狀況有幫助，你放心上班去！」

妻子在處理好廚房之事後，立即打電話向臺中及嘉義也曾視網膜剝離的朋友諮詢意見，得到的卻都是同一答案：

「一定要在黃金時間內開刀，將視網膜貼回去，否則

恐怕會失明。」

　　放下電話，她想著先生的眼睛問題，不覺忐忑起來：

　　「我已經這樣了，他絕不能再有任何閃失。……」

　　這時，沈瀅來電：

　　「惠美，妳聯絡上蔡醫師了嗎？」

　　「還沒……」妻子向她表示已寄出掛號信云云。

　　「那妳打電話去問才會快啊！」沈瀅催促著道。

　　「對！對！妳說得對！我怎沒想到。好！我馬上打，謝謝妳的提醒。」妻子如夢初醒，隨即結束通話。正準備透過中華電信語音查號系統撥電話去中興院區時，才猛然想起，蔡醫師今天沒有門診，放下話筒，她腦筋飛快地轉著：

　　「一定要爭取黃金時間，我不該等到下週一，應問看看明天下午有無加號可能？……或許蔡醫師可以馬上安排開刀，我應該準備好可能必須立即住院的事宜。……」

　　當天晚上，她將自己今天聯絡事情的內容及想法，詳細告訴了阿貴：

　　「明天早上我想試圖聯絡蔡醫師診間護士，問問看下午有無加號可能，你等我電話，如果可以我會把包括住院的東西都準備好，你馬上請假回來，我們立即北上。」

　　星期五，阿貴上班後，妻子立即與時間賽跑。

　　首先，她打去中興，透過總機轉接到診間：

「喂！妳好！請問這裏是蔡醫師的診間嗎？」

「是！」護士小姐回答道。

「可以請蔡醫師聽電話嗎？我有急事找他。」妻子接著再問道。

「蔡主任下午才會進來，他今天上午在陽明院區看診。」護士小姐客氣地回答著。

妻子這時努力讓自己鎮定下來，並很快地整理了一下思緒，然後重點式地將數年前如何結識蔡醫師、自己姓名、目前住處、以及丈夫眼睛情況，說與護士小姐聽，並詢問有無加號可能。

護士小姐了解到妻子的「急事」情形，很有耐心地指導著她：

「這樣好了，眼科 2 診下午尚有名額，因為妳先生是初診，必須填寫資料，所以妳請人先來掛號，這樣電腦才有資料，我會向主任報告這件事，等主任看完診後再轉過來，但妳先生必須在 4 點 20 分以前報到，今天才能看得到！」

「好！我們一定趕到，謝謝護士小姐，謝謝妳！」妻子頻頻向護士小姐道謝。

妻子立刻聯絡在臺北國稅局上班的大姊，告知她這件事，請她幫忙就近先去掛號，然後於 4 點左右在中興正門口碰面，幫拿健保卡等資料進去報到，以免因尋覓停車位

而耽誤時間；然後她聯繫阿貴，要他請假回家，準備立即開車北上；第四通電話，她打給先生的義妹，請她到中興協助他們；最後，她打給在臺南工作的女兒，請她請數天假，協助照顧她父親。

　　全部聯絡好後，妻子趕緊上樓拿出旅行袋，裝上預估住院數天要換用的衣物，及帶上自己的藥品及一些錢財備用，再匆匆下樓，將廚房用具清洗歸好，冰箱內食物檢查整理妥當，準備的東西先行放上車，再備好簡單的午餐，待一切就緒，這才稍舒了一口氣。

　　癱躺在和室地板上的妻子，腦際突然閃過：

　　「幸好取得了公務員資格，有特休假，這換在私人公司，怎可能如此請假？」

　　11 點 45 分，心急如焚的她，終於聽到機車騎進院子的聲音。一見到阿貴，焦急道：

　　「你怎麼這麼久？急死我了！」

　　「因為早上有個會必須參加，加上要交代一下代理事宜，不過我已經從上午 11 點 30 分開始請假了。」他回道。

　　兩人簡單吃完午餐，謹慎的她，再次環視家中各角落，這才關上房門。

　　坐上丈夫已經發動的車子，她仍不忘叮嚀道：

　　「你小心開，我們只要在 4 點前趕到就可以了。」

　　[坐於後座位置的她，心知丈夫左眼的視力已經有所缺

損，但此時此刻對他們來說，最方便、最快速去到中興的方法，只能是自己開車了。兩、三天來，事情的變化，發生得太突然，務必鎮定，因慌張於事無補，也解決不了問題，只有冷靜並竭盡心力、想方設法，才有可能消解丈夫眼睛所面臨的「失明」危機。]

「我知道，我會小心的，妳放心休息吧！」阿貴從後視鏡看看後座的妻子，應聲道。

[筆者深知妻子爲了處理這件事，不僅發揮了極致的機智，也理路清晰、有條不紊的做出了果決判斷與決定，完全忘了自己仍是一個正在服用憂鬱症藥物的人。]

車子駛入國 3 名間交流道北上匝道時，時間已經快下午 1 點了，阿貴不知不覺間加了速。3 點多，已可看到路邊 37、36 的里程標示牌，距離中和交流道只剩 1 公里了。

阿貴告訴妻子：

「快到中和了！」

不想這時，車速突然慢下來，最後竟然走走停停，彷如龜步。

「下交流道車多，塞住了！」阿貴說。

「真是的！」妻子焦急萬分。

時間一分一秒流逝，距離僅一轂之遙的台 64 線快速道路雖已然在望，卻白雲青天不可即，實在是急煞人。

終於，車子駛入台 64 線，不久後也過了華江橋，快 4

點左右轉進昆明街。妻子用她的聲控手機撥給了大姊：

「大姊，我們已經到昆明街，會先到正門口拿證件給妳，再去停車。」

真是老天保佑，從昆明街到鄭州路，近 10 個路口，竟非常幸運地、所遇多是綠燈，總算千鈞一髮之際，4 點 10 分抵達中興正門口，妻子將早已握在手中的證件交給大姊，見其轉身快速衝進院內，兩人緊繃的心弦，這才放鬆開來。駛入停車場時，秀蘭也來到車旁，協助他們進入醫院。

眼科候診區，妻子感謝道：

「大姊、秀蘭，謝謝妳們，今天還好有妳們幫忙，我們才能及時辦好報到手續。」

阿貴兀兀靜坐輪椅上，心累加上情緒不高，他只感覺溫度很低，腦際閃過無數「萬一」的想法與念頭。

將近 6 點，蔡醫師看完當天預約的最後一個病人，護士小姐前來請他們進入診間。

「蔡醫師好！」妻子道。

「方太太妳好，好久不見了。妳的信我收到了，你們不是星期一才……」蔡醫師笑容可掬的起身迎向他們。

「因為擔心錯過黃金治療期，所以我們提前來了，請蔡醫師盡力幫忙救治我先生的眼睛！」妻子說道。

「好，我們一起想辦法，妳放寬心！」蔡醫師邊說邊

轉向阿貴繼續道：

「方先生，你眼睛怎麼了？」蔡醫師看著電腦中阿貴的資料，同時將他主述的左眼黑塊情形，打進了電腦。

「好，方先生，請移到這邊來，我先檢查看看……」

蔡醫師透過儀器查看後，接著又安排了眼部超音波，及許多檢查，這時已快 7 點了。

蔡醫師看完所有的檢查報告後說：

「方先生，你的視網膜確實是從下面開始剝離，幸好範圍尚未及於黃斑部，這種情形如果及早發現，也許無需開刀，打雷射就可以了，但現在……」

「那能貼回去嗎？我是說，能救得回來嗎？」阿貴著急問道。

蔡醫師在回答阿貴問題的同時，似也猶豫著收院時間的妥適性：

「方先生，你的視網膜確實必須開刀才能有效治療，這部分待會我再詳細說明，但時間上，醫院的手術，通常是排在星期三，而今天是星期五，你們又那麼遠來，這個……」

「蔡醫師，等到下星期三會不會來不及呢？我有住院的打算，要用的東西也都帶在車上了。」妻子見狀立刻向蔡醫師表示自己已有所準備。

蔡醫師見妻子憂心忡忡、面露焦慮神色，輕拍她的肩

膀，說道：

「方太太，妳放心。既然妳們有準備了，那我就安排方先生今天住院，明天早上開刀。等一下我會請護士小姐協助你們辦理收院手續。

另外我跟方先生說明一下，明天早上手術時間大概 4-5 個小時，需要全身麻醉，會採『氣體網膜固定』、『鞏膜扣壓植入』、及『玻璃體切除』的治療方式。因為手術後的 3 週內需保持趴臥姿勢，會較辛苦，但這是讓眼球內的長效氣體頂住視網膜，避免失敗。這部分會有衛教，會教你如何自我照護。」

阿貴似懂非懂的點點頭，道：

「謝謝蔡醫師。」

過了一會兒，護士小姐表示眼科已無健保病房。

「沒關係，單人的也可以，需自費的也行，只要有病房就好！」妻子立刻表示願自費住院。

「好！我來想辦法。今晚你們就好好休息！今天匆匆趕來，一定累了。」蔡醫師以和緩的話語安定著他們。

「謝謝！謝謝蔡醫師，太感謝了。」夫妻二人齊聲向蔡醫師道謝。

當晚，阿貴被安排住進骨科病房。將近 9 點，護士小姐前來為他掛手環、量血壓、照 X 光、及心電圖等術前準備工作，以及告知一些注意事項。

　　星期六，阿貴早早就起床了，沒多久護士小姐送來一件手術專用衣服，囑他換上。又過了一會兒，護士小姐來推床，準備去開刀房。在經過一條長而燈光很亮的走廊後，右轉進入另一間燈光也是通亮，看起來即是要進行手術的開刀房。護士小姐示意他換位至旁邊的一張躺床上，並作最後的身分確認：

　　「你叫什麼名字？」

　　「方添貴！」阿貴答。

　　「今天開的是哪一眼？」護士小姐再問。

　　「左眼！」阿貴再答。

　　「好，你閉上眼睛稍作休息，蔡醫師與麻醉醫師等一下就會來。」護士小姐接著在他左眼貼上貼紙。

　　「謝謝護士小姐！」阿貴道。

　　不久，蔡醫師來了，問道：

　　「方先生，我們要開始手術了！會不會冷？」

　　「有一點。」阿貴睜開眼，看到了蔡醫師溫暖的笑容。

　　接著，蔡醫師說道：

　　「好！我們準備開始了，等一下會為你麻醉，然後，我會在你的左眼下方打一針喔！」

　　「好的！」阿貴仍能清楚的應答著。

　　耳際尚時聞醫師、護士之間的對話，沒多久，阿貴就什麼都不知道了。待麻藥退去他甦醒時，已經是下午了，

感覺左眼包著紗布，並覆蓋著一鐵片。護士將他推出恢復室時，門外一旁等待的女兒，立刻迎了上來，一起幫忙將他推回了病房。沒多久，護士來為他量血壓及裝上點滴，同時說明藥品的服用時間，也要他冰敷左眼四周；另外也給了他一個狀似甜甜圈的趴枕，並在說明使用方法後離去。

這時，阿貴仍覺得有點累，就又睡去，直至聽到妻子的聲音：

「蔡醫師好！」

原來是蔡醫師來察看阿貴的術後狀況。

「怎麼樣？會不舒服嗎？」蔡醫師問道。

「不會，只感覺左眼有點脹。」阿貴回答。

「那是正常現象，過幾天就會較舒服。這次的手術很成功喔！你好好休息，很快就會好的。」蔡醫師親切地說著。

「好，謝謝蔡醫師！」阿貴道。

考量到阿貴居住地距離較遠及換藥的方便性，蔡醫師安排他住了 10 天醫院，以利於術後直接從 7 樓的病房下至 2 樓的診間檢查並換藥。出院一星期後再度回診。蔡醫師告訴他，傷口癒合得很好，也不用再包紗布，預後不錯，只要照著衛教指示，自我照護即可。

這是阿貴人生中第一次的大手術。開刀時間是民國 99 年 1 月 16 日。

　　他發現，自己從手術後醒來的下午開始，就沒有疼痛或不舒服的現象，同時也覺得自己恢復得很快，自忖著：

　　「這應該跟我平常營養均衡的飲食有關，才能有不錯的身體底子。」

　　而後續回診的時間，也由一個月，而三個月，而半年，眼睛紅腫的現象也完全消失。

　　而因為視網膜剝離手術會造成水晶體霧化，一年後，也就是民國 100 年 3 月 30 日，蔡醫師再為阿貴的左眼施行了白內障手術，置換上人工水晶體。

　　在家休養的阿貴，想起術前的診所、轉診、及聯絡北上就醫當天在國道塞車，差點來不及到達醫院的過程種種，他就感到後怕，自己的左眼可說差點就失明了。幸好蔡醫師沒有出國，幸運得其鼎力相助，自己這才化險為夷，得以撿回寶貴的視力，對於蔡醫師仁心仁術、視病如親的治療，他銘記在心。為了表達感謝，也希望更多的人知道中興有如此好的良醫，他於是不揣淺陋在中興院區官網的「民眾感謝函」專欄裏，寫下了自己發自肺腑的道謝短文：

民眾方〇貴先生：

　　「曙光」，象徵新生、朝陽、璀璨，無私無垠，瞬現綻放，照亮宇空，澤及萬物，美化我彩色人生，惠我以生命風景。所到之處，無不「景」仰，所受造設，亦無不因之

顯「耀」而重獲新生。而我,生命中 2010 年的第一道曙光,
何其有幸,可以迎接來自臺北市立聯合醫院「中興院區—
眼科部」的光芒

　　1 月 15 日下午,當我心情沮喪地進入低溫空調的眼科
診間,微顫之軀未定,惶恐之情無助,幸經蔡景耀主任、
許人化醫師、張醫師、及護士小姐們視病猶親的問診與詳
細檢驗,不僅立即溫熱我殷切求診的內心、帶給我無比的
信心與信任,更對於我已經剝離三分之二的視網膜棘手問
題,有了明確的決定與處置。感謝您們,不但在術前安定
我的情緒,術後更讓我看到了那道萬丈光芒的「2010 曙
光」。受惠萬端的我,無以銘謝,謹藉此專區一角,表達我
的感激之情。

　　我同時要向 7 C 病房當時照顧 7521 的「骨科護理站」
致謝,因為寶蓮護理長及護士同仁們的細心照護之下,我
才得以安然康復出院。

　　感謝中興院區眼科部,感謝您們!

　　＊＊＊

　　時序更迭,在每年均辦理考績升等或陞任評分標準表
人事作業下,玉管處有了一個「委任課員」缺,而具陞任
資格之辦事員同仁有阿貴及另一同事。經過積分評比,他
因為英檢加分而得以出線,獲得陞任該課員缺。這件事再
次說明,幸運絕不偶然。

　　民國 103 年，阿貴在晉升至「五等五課員」後，得到報送參加國家文官學院「委升薦」為期 5 週的參訓資格。

　　委升薦訓練，是為激勵資深績優委任公務人員之士氣而設，係為晉升薦任官等職務人員預作準備，以培育通識知能之訓練。其課程內容為：「國家重要政策與議題」、「行政知能與實務」、「公務相關法規與實務」、「政府治理與國家發展」、「課程成績評量」及「課務輔導與綜合活動」等。

　　至於成績評量，「生活管理、團體紀律及活動表現」之成績占訓練成績總分 10％，「課程成績」占訓練成績總分 90％。「課程成績」分為「專題研討」及「測驗成績」，其中，「測驗成績」又分為「紙筆測驗」與「專書閱讀心得寫作」。各項成績之分數經按比例合計後，60 分以上為及格。也就是說，這是一項資格考試，並沒有人數的限制，只要參訓者總分達 60 以上即可。

　　為了無負機關的報送栽培，及妻子再一次一肩挑起全部的細瑣家務，再一次讓他無後顧之憂的真愛付出，長達 5 星期的上課時間裏，阿貴除了吃飯睡覺等正常作息以外，幾乎將全部可用時間，都放在了這次委升薦的訓練上，專心一意，自我要求務必取得「薦任官等」資格。

　　由於阿貴不方便住宿於學院提供的宿舍，故每天通勤南投中興新村（省訓團）。為了不遲到，他 6 點 30 分必須

出門，因為他需將自己動作緩慢、上下車耗時的時間算入。

而週一至週五，阿貴每天清晨 3 點鐘即起床讀書，他一邊讀，一邊會利用電腦，將前一天上課的內容，摘錄重點並重新編輯整理，繕打成電子檔，週休二日的時間，更是完全融入其中。換句話說，他將學院發下近 20 本、合計數千頁的訓練用書，重點式地摘錄為 38 頁的筆記，因為經驗告訴他，最後考前衝刺階段，根本沒時間將這些用書再一一讀過，更不用說想複閱、三閱了。相反的，他在最後一週，只反覆、多遍地讀這 38 頁筆記。但他觀察班上並沒有同學這樣做，聽他們所分享的聊天話題，好像都與如何蒐羅、列印歷屆的考題有關，加上當時參加訓練的同學，都是來自各機關及學校，彼此剛開始也都不太熟識，因此他只是好奇地向旁座的同學詢問道：

「妳們收集歷屆考題，不是讓必須消化的資料更多更雜了嗎？課本已經有數千頁的內容，這樣讀得完嗎？」

第四週，課程全部結束，時間來到了考前最後一週，阿貴看到許多同班同學，仍然左翻一本本厚書，右查所蒐羅之歷屆考題，似乎頗有兔走烏飛，時間不夠用，資料看不完之慨，他便事先印好數份自己整理的筆記，在上通識課程時，試著提供給相處較熟稔的同學參考。不想，一傳十，十傳全班，甚至隔壁班許多同學，都想取得這份筆記。

就這樣，在最後數天，許多同學都以看阿貴整理的筆

記為主，反而捨棄了那厚重、加起來達數千頁的課本，他為此也開心了許久，因為後來成績揭曉，總共 4 班的學員之中，他們「103AB03 班」通過測驗、取得資格的人數最多。

「我們班上有一個高手，他整理的能力非常強，這次的考試，感謝他將自己摘錄編輯，辛苦打字的筆記，無私地提供給我們……。」

在結訓典禮上，阿貴因為坐輪椅的關係，位置在最後面。當來自金門的同班同學吳珠英致辭時，台下竟有許多的學員都轉頭看向他。他腦際忽而浮現「既以為人己愈有，既以與人己愈多。」[26]這句話，明白了人跟人在「得與失、公與私、人與己」之間所以能建立全交的深層道理，唯在彼此的「不盡不竭、不爭不害」[27]，其價值觀念與行為準則皆是從「捨」字出發，終達雙贏並進至共贏，繼而能得到真正的快樂與喜悅了。

＊＊＊

阿貴由於罹患小兒麻痺症，雙腳癱軟無力，平常生活作息及上班工作，只能坐，完全無法站，因此也鮮有運動機會，能進行的也只是偶而做些伸展動作而已。但他從沒想過自己曾經的夢想，希望能像常人般，以腳踏車為運動

---

26 老子《道德經》第 81 章。
27 《禮記‧曲禮上》「不盡不竭」；老子《道德經》第 81 章「不爭不害」。

工具，輪轉於自行車道上，或悠哉慢騎、或縱橫馳騁，享受那御駕臨風、卓然不群的舒快，竟在耳順之年後實現了。

民國 105 年，阿貴得知「臺北市社團法人生命勵樂活輔健會」將舉辦為期 9 天 8 夜的 Handy Bike 手搖車環島訊息。對於參與這項活動，他在之前尚未接觸手搖車時，是想都不敢想的，因為身障者的自己，竟然要以「手搖」方式，企圖完成數百公里的環島騎乘規劃。然而，另一個聲音告訴他：「人生幾何！自己應將這生平第一次的手搖車環島活動，視為一種自我挑戰的機會。」於是，他報名了，也充滿了期待。

果不其然，阿貴之前所沒有體會過許多五味雜陳的感受紛至沓來，直令他應接不暇。9 天中，或艷陽高高在掛，皮膚不經曬變得黝黑；或大雨忽而滂沱，行裝未及收瞬間盡濕，真可謂汗水雨水不分，衣襟濕乾無已；有時為趕行程，清晨即起；有時突遇拖延狀況，收車時已然入夜。

惟輪轉所至，處處皆風景，著實讓阿貴眼界大開，若將此次手搖車環島之旅稱為「景幻之旅」，則一點也不為過，透過它的引領，許多他以前即便想自行開車前往也不可及的地方，如今竟以手搖車便可輕易「到此一遊」，且能夠如此地貼近它們。許多著名景點，諸如全臺最美的「日月潭自行車道」、必須接駁的「阿里山國家森林遊樂區」、林相豐富的「玉山塔塔加鞍部」、栩栩如生的「嘉義布袋好

美里彩繪村」、名聞遐爾的「台東池上伯朗大道」、以及驚心動魄的「清水斷崖」隧道群，也在在都令他記憶猶新，無法忘懷。

　　其中，最讓阿貴難忘與印象深刻的是「清水斷崖」。當手搖車進入滴水處處，幽深晦暗的隧道內，時而夾雜震耳欲聾的運輸卡車從旁呼嘯而過，騎來怎不令人膽戰心驚，待出得隧道，陽光亮處，陡見公路由南往北，以接近 90°的角度緊臨太平洋，左邊是懸崖峭壁，右邊是蒼茫大海，蜿蜒曲折，形勢險峻，真只「嘆為觀止」四字可形容。

　　＊　＊　＊

　　妻子雖因「SLE」併發眼疾，但她仍用自己建立的方法，盡力克服一切困難，統包家中平日慣常家事，完全無需阿貴協助。她嘗謂自己「怕病不怕做」，甚至「不怕死只怕不能做」，尤其絕對不能也不願意自己的生命，最後只剩下「不健康餘命」而毫無尊嚴地活著。是以，擅長環整及每日三餐皆親自料理的她，不但將家中打理得內外整潔、井然有序，更行有餘力，親自種植了許多供自家食用的有機蔬菜，可說是忙得不亦樂乎！雖然身體羸弱，她仍朝氣蓬勃、精神抖擻，每天一早即規劃著當日的「工作」內容，每項工作需時多久，量力安排多少事情，她都能了然於胸，掌握得宜。無法外出進行流汗有氧運動，她便以勞動的方式，或上或下（家中各樓層），或進或出（室內及院子），

以一持萬地管理著自己心愛的家。

　　而除了例假日外，平日只有妻子一人在家。女兒因水里對外通勤不易，致求學與工作，皆選擇住校及在外租屋而鮮少回家；阿貴則每天準時上下班，由於工作地點離家近，他都回家吃午飯。因下午尚需上班，飯後會稍作休息，小睡片刻。因此，一直到晚餐時刻，她才會將自己這一天是怎麼安排的，又是如何度過的，事情進行得順利否，遭遇及克服了什麼困難，發現了什麼新的解決方法，什麼人來訪了，誰打電話來了等等，細數家常地將凌雜米鹽之事，一一與他分享。而他也透過這樣的互動，側面觀察妻子的「工作」安排與進行，是否如她所規劃並順利完成，不因視力損傷而受到影響。如是，則他才能安心以對，如否，那他必須思考如何協助改善之方。

　　初始，妻子似乎進行得很順利，一切都在她的掌握之中。有時，阿貴會聽到妻子如下的輕鬆話語：

　　「今天很順利！11點多就把午餐弄好了，下午你上班後，我可以好好休息，之後要來唱唱歌。」

　　「今天這個青江菜，是我早上才採的，夠新鮮吧！」

　　「早上我有蒸了芋頭，下午要來做芋泥餡。」

　　妻子很喜歡做美味的食物給家人享用，她說有時感覺像在創作藝術品般，相當有趣。因此，只要她視力尚有物影感，體力也行的時候，廚房就成了她的「彩繪」天地。

　　但有時，也會有這樣的懊惱：

　　「今早一個不小心，熬粥時沒注意到它滾了，結果溢了出來，害我又花了許多時間清理瓦斯爐及流理台。哎呀！我最怕出狀況了，又得善後，真是麻煩！」

　　「今天早上隔壁吳太太來串門子，打亂了我原本安排要做的事情，她走後，我趕緊先弄好午餐，水槽檯面都還沒清理呢！下午你上班後，我還必須弄好才能休息。」

　　「今天早上感覺有點累，原本安排的內容沒完成，下午還得再進行。」

　　然後，不只「撲鍋」現象頻仍，她自排的工作進度也時有出現遞延的現象而必須「求援」了：

　　「你今天可以早一點回來嗎？有些事情必須借用你的眼睛，讓你幫忙看一下。」

　　「你準備要去上班了嗎？可以先幫我看看東西是否Okay 再出門嗎？」

　　「我最喜歡你說『今天必須早點進辦公室』的話了，因為這樣早上我就可以多出一個多鐘頭的時間。」

　　最近，阿貴發覺妻子的視力似乎是每況愈下、一天不如一天，時間也不太夠用，跟過去差不多的工作內容，卻需要較多的時間來處理。直覺告訴他，她怕他擔心，並沒有說出自己視力惡化的事。

　　「惠美，妳最近是不是更沒有物影了？做起事情來更

加吃力了？」阿貴問妻子。

「最近做起事來，確實是較慢、較吃力！但你是怎麼知道的？」妻子問道。

「因為我發現，以前妳一個早上的時間可以做完的事，現在好像都經常需延續到下午，以前可以獨力完成的事，現在也漸漸有困難，以前還能行有餘力做點興趣的事，現在好像休息時間也變少，也不再聽妳說要唱歌了。……還有，視力惡化的事，妳應該讓我知道，這樣我們才能共同想辦法呀！妳能做固然是好事，但不能太勉強，最重要的，是要注意安全。」阿貴說出了他的觀察。

「我不希望你人在辦公室，心惦記著家裏，這樣不但影響工作，騎車也會分心。我還可以做，只是最近視力確實更差了，有些需用眼睛的部分，我自己沒有把握，……」妻子也說著自己的情況。

「但妳這樣，變得都沒時間休息，這樣不行，我們不能再重蹈覆轍了，我看我提早退休吧！」阿貴試著提出改善對策。

「我也想過，但是我們還有房貸要繳，還需要你的這份薪水支應開銷啊！小儀也才剛開始工作，一切都還不穩定。我雖無法開源，但能節流！放心吧！我還可以，大不了我少安排一些事情不就得了。」妻子表現出自己能搞定一切的神態。

　　妻子的堅定神情，讓阿貴不再多言，他「提早退休」這件事情，就暫且擱了下來。

　　其實，妻子之所以會如此忙碌，主要的原因是她堅持自己煮三餐。

　　有些人看待烹飪這件事，認為只要簡單洗一洗，刀子切一切，煮熟就好，不鹹就加鹽，太鹹就加水，是非常簡單的事情；而有些人更是將吃與外食劃上等號，或者隨便買個便當，快速解決，餐後甚至不用洗滌，直接將餐盒回收或丟棄即可，既輕鬆又省事。

　　但妻子似乎不這麼認為，本來自己之身障條件及種種不便，她原即可以此為由不開伙，任令全家人都成為「老外族」（三餐老是在外），為什麼她要如此辛苦呢？因為她認為食物要同時具備清潔衛生與均衡營養，業者基於成本考量及快速烹煮，往往無法兼顧，唯有求諸自己清洗食材，親自料理，才能端出均衡營養又安全的飲食，也才能讓家人吃出健康、吃得安心。

　　另一個原因是，妻子許多認不認識的「蝴蝶俱樂部」病友，大多都因肝、腎功能不佳而失去寶貴性命，身邊更有不少親朋好友，為了排出體內代謝產生的廢物（尿毒素）及水份，以維持腎功能正常運作而必須長期洗腎，三天兩頭向醫院報到，過著沒有品質的「黑白」人生。她很清楚自己是個30幾年「SLE」老病號，平日已經無可避免地必

須服用許多醫囑藥物，因此，為了減輕自身肝腎負擔，強化解毒代謝功能，也為了家人的健康，她認為只有自己把關，有以得之。

即以處理含「高鉀」食材為例，眾所周知，洗腎病人是不能攝取過多含鉀的食物，偏偏一般的菜蔬都含高鉀，於是妻子在烹飪過程中，都會將之先予汆燙，如此便可降低鉀，甚至是草酸含量，而減低腎臟負擔。但此舉無形中也增加許多烹煮過程中的工序與事後的餐具洗滌量。但為了健康因素，她仍堅持這樣做，且已內化為生活習慣的一部分。

阿貴支持妻子的做法，因為他沒忘記曾經的不舒服用餐經驗。有一次，由於拗不過朋友作東的外食邀約，阿貴偕同妻子去到一家連鎖火鍋店用餐。

當大家坐定，服務生隨即前來詢問：

「請問要什麼口味的湯底？」

「有哪些口味？」朋友問。

「有紅蘿蔔、昆布、南瓜、番茄4種。」服務生答。

朋友席開兩桌，每桌兩鍋，在徵詢大家的意見之後，為每鍋各點了不同口味的湯底。不久，服務生送上來4個鍋子，只見所謂的湯底，似乎只是清水調了顏色，聞之無味，完全沒有食材熬煮過的濃郁香氣。

大家將服務生同時送來的海陸生鮮食材放入已然開滾

的鍋子中，待其煮熟又禮讓客氣一番之後，便夾起沾醬吃。阿貴將之送入口中，只覺味道是來自醬料而非食材本身，而食物已整鍋混合，也吃不出各別的鮮甜，他心想自己是客人，應「客隨主便」，不必如此講究。接著，服務生又送來幾盤青菜，當他正要將之放入鍋中時，筷子翻動間，他突然看到葉莖凹處，有個東西黑黑如豆，待細看，竟是又黑又大的「蟑螂卵」。

「莫非這菜沒洗？」

阿貴心中雖如此狐疑，但因擔心朋友知道了心生尷尬，故「恬恬」（台語）、默不作聲，只將那葉莖擱於一旁，卻也不再動筷。

「現在吃太方便了，到處都有在賣，想吃什麼不怕買不到，就怕沒錢。」對於席間某些人的玩笑說法，阿貴也僅微笑以對，未置一喙。

回程車中，他將這事告訴了妻子。

「還好是你發現，換成是我就吃下肚去了。」妻子回道。

但有了這一次觀感不佳的外食經驗，阿貴更加肯定妻子平常為家人把關的食材處理手法了。

「提早退休」之事暫擱之後，妻子的狀況並沒有因她延長工時而有所改善，其癥結仍在於不可逆的視力持續惡化問題。因為視神經萎縮或受損，在醫學上並無有效的治

療方法，而且無法移植。阿貴曾經很認真地向妻子表示：

「如果眼球移植能解決妳的視力問題，我願意將一眼給妳。」

「就算可以我也不要，你左眼已開過視網膜手術，必須要好好保護才是，我既然已經不可逆了，未來都還需要靠你呢！」妻子也正色道。

為了能夠得到助力，妻子申請了長照居家服務，但是居服人員並非一週五天，一天 8 小時的來家服務，而是每週一次或數次（視服務內容而定），每次時間僅固定 2 小時而已，更由於妻子尚能自己安排事務及居家歸納整理，故來家之居服人員通常是協助，而非替代性質，所以仍然無法有效改善她的狀況。

剛好管理處的簽到方式改成彈性上班模式，對阿貴來說，這樣的改變，在時間上的運用更為方便。如果當日妻子需要協助，那他就晚些出門，相反的，他早出門，並在下午早點回家幫忙。至於或早或晚，取決於她的事務安排內容而定。而若有長時間需要，他就配合地或上午或下午的請特休假，協助完成所安排事項。

其實，家事是做不完的，妻子之所以許多事情要親力親為，也是不想「取代」問題發生在自己身上。她有多位視障朋友，剛開始也都自己做，但迫於視力的障礙，每每困難重重，艱辛無比，最後只好交代家人做，但家人若忙

而無暇處理，就會請鐘點工或讓外勞做，「便當」自然也就成了日常。經過一段時間之後，這些朋友發現，自己原本扮演的角色已被取代，原本熟悉的環境也變得陌生，再想自己做，卻已經是毫無頭緒而無從下手了，即便勉力為之，也可能因打破這個，弄翻那個，而成為家人或外勞眼中的 trouble maker 麻煩製造者，最後只好淪為「等待」一族。

妻子是個能力很強的人，尤其環整及廚藝之事，更是擅長。雙手萬能的她，自認蔬菜或水果只需經她手一摸，好壞立分，而家裏的角落安置或家具擺設，更是親手佈置，不假手他人。既然她熟悉一切，則清理食材用具、搜找歸納物品，自成易事。自己一向勤勉自持，若真終日「飽食無所勞」[28]，豈不也變成憑欄盡日、毫無作為之人呢？這種境況，她絕對不允許發生在自己身上。

而自從上次討論自己「提早退休」之事，雖未獲致結論，阿貴仍不斷注意妻子的持家困難度是否持續升高。

答案當然是肯定的，只是她個性堅毅，並不輕言放棄，不寧唯是，她總也心生「家中之事，我做了，阿貴就不必再做」的體恤念頭，而仍然選擇自己來，家中之事，她寧願只累她一人，讓先生專心於公務。

民國 107 年 3 月，原本即免疫力低下的妻子，不知是

---

28 全 17。

否因季節變換關係，不小心感染了風寒，以為多喝水及多休息即可痊癒，不想竟衍為肺炎而鎮日咳嗽不止，雖經埔基耳鼻喉科及胸腔科連續診療，仍未見得治，足足拖了兩個多月才稍有起色、漸漸轉好。

不捨妻子身體健康欠佳，猶辛勞操持家務，阿貴又再一次提起退休之事，不想這次她竟同意了。特別是在她已得知「軍公教人員年金改革」將於民國 107 年 7 月 1 日正式上路之後，而依「公務人員退休法」，他的屆退年齡是民國 108 年 7 月 16 日。

妻子說：

「反正遲早要退，也不差這一年，我們也早些搬與女兒同住，免像現在兩邊開銷。」

從表面上看，妻子似乎顯得無可不可，也以盡早與女兒同住為由同意了，但阿貴這項提議，她之前曾數度反對，何以這次會爽快答應？他反而有些不解。

「我可以知道妳這次為什麼會同意的真正理由嗎？」阿貴問道。

「好吧！我告訴你，因為我要安你的心啊！蘇東坡不是有『此心安處是吾鄉』的話嗎？你安心，就會放心我呀！」妻子笑著回答。

阿貴非常感動，因為對於憂患情緒，妻子才是「知津」之人啊！原一直以為是自己在擔心著妻子，卻沒想到，她

自有「安之若素、為與不為」之道，且處處不自慮而只思及心愛的家人。

　　民國 107 年 5 月，阿貴遞出了「因個人及家庭需要，自願提早退休」事由的簽呈、並蒙曾處長同意，生效日為同年的 7 月 16 日，也就是提早了 1 年。

　　當初自己毅然轉換，復得無數貴人相助，才能在玉管處如此優質無障礙的環境中服務，在這段歲月靜好的時光裏，曾激發他生命中許多美好的人事物連結，並產生如繁星般難忘的生活點滴，而凡此種種，無疑是他此生最美好的回憶。

　　　　千丈翠練，躑躅再三；
　　　　皚皚玉山，我心亦然。

　　當阿貴機車騎出玉管處時，他猶寸眸回顧這 20 多年來引領他經事諳事的所在，當初自己因家庭需要南下來此工作，如今北歸原因無異。今後闊別如參商，行將與之牛馬隔而八行稀，內心雖有天下無不散筵席之慨，感受卻直如唐·駱賓王「歧路分襟易，風雲促膝難」之別易見難情懷，心情也因離別而不覺依黯起來。

第二輯

莫道桑榆晚・微霞尚滿天

晚　晴

深居俯夾城，春去夏猶清。
天意憐幽草，人間重晚晴。
並添高閣迥，微注小窗明。
越鳥巢幹後，歸飛體更輕。

—— 唐·李商隱

　　歷經驟雨狂風之後的和暢惠風，讓人的喜晴情緒，直如越鳥體態輕盈地回歸乾巢般，呈現出欣欣爽朗的心境。

　　「騎貴知別徑奇道，人貴在活出真我。」人生目標，言人人殊。阿貴不因老而棄權人生，在最寶貴的「第四個20年」裏，將效「樗樹」無用之大用，以「心、動、吃」三字訣，為自己也為家人，設下屬於自己退而不休，尊嚴老化，不自累亦不累人的老後人生目標。

越鳥歸飛體更輕

　　日已向暮，阿貴將視角自陽台收回，喝完杯底的咖啡，思緒卻繼續流轉在退休後這 5 年來，自己兼權熟計、刋方為圍、勤勤為家的一切割愁張目作為，凡所庶事，不因其小而忽之，唯盼「他們仨」都能可心如意陶然於和樂的家居生活。

因妻子而生

　　民國 107 年，提早一年退休的阿貴，依照之前與妻子商定退休後住居由水里北遷至桃園，兩處合一的規劃，啟動了「搬家計畫」。

　　20 多年前「由北而南」的那一次，阿貴主要負責打字行的對外及收尾事宜，家中整理重任皆由妻子負責及打理，故當時他並無繁重雜瑣之感。而這一次，他完完全全親自參與了，這才發現，家中東西怎那麼多，臥室衣物、客廳擺設、書房圖書、廚房器具、頂樓植物、院子盆花、乃至屋後儲藏室堆雜等等，皆需一一整理分類、取捨留去、歸納裝箱，一經開始即堆疊滿地，事情可謂千端萬緒，七

事八事多如牛毛，而這只是捨舊而已，尚未謀新呢！最最重要的，是與搬家公司有約，時間早定，必須剋期完成，但東西實在太多，只好先行運上鋼琴、書櫃、床墊、冰箱、冷凍櫃、烘乾機、按摩椅等大型家具，至其他細軟小件稍後再以家中 WISH 車子慢慢載送。

雖然坊間早有許多論及斷捨離的書籍或文章，什麼 5 個訣竅、8 周計畫、3 步驟：檢視→整理→斷捨離等，莫不鴻篇鉅製、洋洋灑灑地提出彷彿是最為有效的良方。

偏偏夫妻兩人在整理過程中，最難將息的，是那種「別是一番滋味在心頭」[29]的回憶湧現，以及千金弊帚般的難割難捨。

「妳摸摸看這是什麼？」阿貴整理出一物件，問著妻子。

「是不是金鷹獎的胸針？」妻子摸著，然後說道。

「還有這張照片，是小儀帶著妳上台領獎時拍的。」阿貴又拿起一張照片說道。

「我是不是穿著鵝白色的絲質短袖襯衫，配上桃粉色的紗質長裙？」妻子問。

「對，妳記憶力真好，妳還戴著最喜歡的 K 金項鍊及珍珠耳環，美極了！」阿貴道。

---

29 五代・李煜《相見歡》。

「那是你買送我的。」妻子說。

或者，在翻檢箱篋妝奩時，不管是一串珠或一封信，哪怕是一段曾經抄下的文字，都能讓兩人言語再三，細細品味，久久留連過去美好回憶，而忘卻現正進行之事。

「這個我找好久了，還好沒丟！這種的現在已經買不到了！這個我要留，這些我也要帶去！」妻子指著面前的東西驚喜道。

「可是，桃園的家空間有限！我是覺得，檢視後如果幾年內若都沒用到，就丟了吧！到時候真有需要，再尋找替代品就是了。」阿貴提出他的意見。

「你別管我，你整理自己的就好！」妻子不以為然地說道。

類此言詞往返時有，甚至兩人也會為了「什麼要丟，哪些要留」而有小口角爭執。

妻子尚未結婚之前，任職美商電子公司。她同時也是一位「小原流」插花老師，於家中一週一次 slash 斜槓小班授課。而公司為紓解員工壓力，平衡身心，成立有許多社團，例如土風舞、羽球等。知她是插花老師，除特別商請她每週為公司櫃台、會議室、及總經理室換插不同植物風貌的寫景花藝外，也同時成立「插花社」，聘其擔任老師，教授同仁插花技巧。

婚後她因家庭需要辭職，即未再從事這項心愛的工

作，但所曾使用過的一些書籍，以及劍山、花器、瓶缶等，就被打包並隨車搬到了水里。

　　阿貴記得有一次他在整理二樓走廊的書架時，看到了這些已然閒置不用的書籍，便將之連同自己的一些舊書綑綁回收了。

　　不想有一天，妻子突然翻出了裝那些劍山及花器的箱子，然後對著阿貴問道：

　　「我找到劍山及花器了。對了！我是不是有好幾本的插花書籍放在書架上？」

　　「有啊！但前幾天我連同一些舊書一起回收了。」阿貴答道。

　　「啊！回收了？」妻子提高音量，並驚訝的追問：

　　「那你是不是連同書櫃內的一對阿公阿媽玩偶也一併丟棄了？」

　　「嗯！都一起處理了。」阿貴心虛的答著。

　　「你為什麼要把我的東西回收，你有跟我講嗎？你知道那對公婆玩偶是我結婚時，插花班學員合贈我的禮物嗎？」妻子似乎生氣了。

　　「我想它們已經放了那麼多年，應該用不到，我就一起處理掉了。」阿貴解釋道。

　　「你真是的！你太自以為，太不尊重我了！」妻子果然生氣了。

「對不起啦！我想……」阿貴一直表示著歉意。

妻子為了這件事，向阿貴表達了不滿的情緒。之後，他就再也不敢擅自這樣做，兩人也達成共識，原屬誰的東西，就由誰決定其去留。

再某一天，阿貴聽到妻子以電話聯絡也是插花老師的友人，表示要留贈予劍山等用具時，他才明白，原來妻子物品斷捨離之作法，是將自己已然不用但尚堪使用之物，找到適合主人，再續其功，而非成為垃圾或回收品。

「原來這就是妳平常所說惜物、東西物盡其用？」阿貴恍然大悟對著妻子說道。

「是啊！而且我一定會有福報，因為我一直懂得愛物惜物不浪費，而不是嫌它老舊礙眼丟棄，等到另日需用時再買新！」妻子頗自豪地說著。

末了，她又丟了一句，弄得阿貴哭笑不得：

「全球都暖化了！溫室效應也越來越嚴重！都是你這種行為所造成。」

平心而論，阿貴其實非常佩服及肯定妻子許多惜物作為，以及遇事不怕麻煩、實事求是、劍及履及的態度，尤其在處理食材及廚房事務，特別是衛生方面之要求，幾乎已到龜毛程度，而這部分之執行內容，他也是在退休並實際參與到她廚房作業一段時間後才了解。對於這項「了解」，他是完全接受，發自內心願意為她打下手，並學習著

如法炮製。因為，在「煮」這件事情上面，她教會了他許多知識，包括認識食材種類、特性、搭配、處理、及保鮮存放……，生熟分開放，下鍋照順序，甚至如何保持食材原味原色及節省能源各種訣竅等等，太多了……，一言以蔽之，妻子無疑是他的師傅，只是在水里或桃園廚房這方小天地，彼此竟耗費 5 年時間磨合，才算勉強取得協處之道，遠比 3 年 4 個月還長。而且，他還不算出師。雖然，現在主客易位，表面上由他掌鍋，妻子戲稱她來打下手，但實際情形是，她能一心多用並適時給予他提示，手上洗著鍋具或切著食材的同時，耳朵聽著食物悶滾的聲音——「火太大了」，鼻子聞著食物熟成的味道——「味道出來了，開大火再炒一下就可以了」，諸如此類。

　　阿貴尚未退休前，妻子有時會在他上班前、下班後，或假日間，請他幫忙看看洗好蔬菜有無黃葉，瓜類表皮是否刨除完全，雞毛是否拔除乾淨等，似乎廚房事很簡單，他認為很容易執行，自己應能勝任。待退休後，他也以為自己可以提供妻子助力，減輕她的家事負擔。但，事實不然。

　　阿貴發現，妻子只是因為視力越來越惡化而緩慢了她的速度，但在「做」的本質上，她安排事情，有其計畫與步驟，也具有獨到方法。例如，今天要洗米煮飯，為了節省能源，就會搭配其他像紅豆、綠豆、或燕麥、蓮子等，

電鍋使用加高型鍋蓋，米下豆上兩鍋疊之一起蒸；不洗米煮飯，則盡量不只為了一種食材就使用電鍋；而使用瓦斯爐火熱鍋操作時，翻炒手法由外而內，判斷食物熟否主要依鍋子溫度高低及食材味道有無；開火前務必確認鍋子已在正確位置；而今天預計要煮的幾道菜，在材料備好之後，由食材顏色淺的先，深的後，全部煮好後才一次洗鍋。⋯⋯也就是說，她有她的步驟與節奏，雖慢但卻能按部就班逐一完成，幾乎無需旁人協助。同時，她也習慣平常獨自一人進行這些事情，雖知他現在不用上班，可以幫忙，卻也不知有什麼適合他做的事項，一旁觀看的他，反倒會分了她的心，甚至阻礙了她的動線。他更發現，她邊做邊會顯露焦躁之色，自己似乎成了她新的壓力來源。

「你到客廳去！或看要做什麼，不要在這裏，我一個不注意，會很危險。」有時妻子會這樣說。

「我是看看能幫忙什麼。」阿貴道。

「暫時沒有，需要時再叫你好嗎？」妻子道。

阿貴只好去院子四處看看，隔了一會兒，又到樓上打開電腦，狀極無聊。

幾天過後，妻子對他說：

「你今天幫我洗地瓜葉好了！我洗菜的方法是，要一葉一葉的洗，洗三次，直到最後水是清澈的。然後，葉莖的皮要撕掉再折成適口長短。」

「這菜是自己種的，也需洗三遍嗎？」阿貴問著。

「當然！」妻子答道。

「好！」阿貴儘管心裏納悶，口頭仍諾應著。

因阿貴障別是「中度肢障」（第 7 類），無法站立，妻子便在地上準備了幾盆清水，讓他輪著用。洗好後，她再一一將之接過去倒掉。這把菜，弄到可煮程度，足足花了他一個多小時。

阿貴以前只斷斷續續聽到妻子說她在家中的種種情狀，但現在才漸漸觀察到，她其實是靠摸索及記住鐘錶「時針」的方位進行廚房事情。做之前，她會先把工作檯面清理乾淨，只放需用之工具及食材，且牢記它們在什麼「方位」，例如 12 點鐘方向、9 點鐘位置等等；而開始之後，就不能被訪客或電話等干擾，如她所說「絕對不能出狀況」非常重要，因為那不只會打亂她所正進行事情的順暢性，甚至讓原本好心情轉壞至伊于胡底。

阿貴更察覺，妻子做的每道菜，皆以形配形，不但講究細緻手法，且有其一定工序。例如，蔬菜絕不會為了求快而一刀切，必須用手剝，透過觸感，才能察其老嫩粗細，且需莖葉分離，莖先葉後氽燙過再另起鍋，佐以苦茶油拌之，這樣的菜，才會滋潤又口感細膩，不致莖硬葉爛不好吃。還有，什麼食材搭配哪種鍋具，不只有其定則，即用後洗淨之收納位置，更是不能雖理還亂的隨意放置，造成

她欲再度使用時找不到之困擾。

　　凡此種種，阿貴自知無能一蹴可幾，但他盡量趁著在旁協助時，認真觀察，努力記住，奈何仍然未若妻子的熟稔於習，內化於心，自己總是忘東少西。

　　家裏用餐時間，通常每餐至少 1 小時，而除非因事缺席，否則全家人都會一起用膳。

　　一日早餐時間，妻子聊天時說道：

　　「你知道嗎？做家事可預防失智，而且烹飪是很好的選擇喔！」

　　「是嗎？」阿貴反問。

　　「你想想看！要預防失智，是不是應該多動腦及多運動？」妻子接著道。

　　「是啊！我知道啊！所以我常騎手搖車運動啊！我不是 couch potato 沙發薯仔，我並不愛追劇。」阿貴面露得意之色道。

　　「不只運動，你試想！烹飪需不需要備料配菜？這是不是需動腦？那去市場買菜需不需要預為構思要買什麼及如何換算斤兩？煮時是否需拿這拿那，走來走去？」妻子又道。

　　阿貴想想也對。

　　「還有，自己煮不是既健康又安心嗎？所以說，烹飪是開心煮歡喜吃，一舉數得的事！你現在退休了，就來好

好學吧！」原來這就是妻子的用意。

　　她進一步再說：

　　「不僅如此，還有進階版的呢！煮之前，要先想想冰箱裏還剩有什麼東西可搭配、生或熟、以何種容器裝，待會兒能不能換鍋再利用，以減少餐後的洗滌量，這不也是需要動腦嗎？」

　　「的確很有道理！好！那妳教我！我會好好學，為家人的健康把關，也預防自己失智！」阿貴顯露出極高的興趣與意願。

　　「哈！你只要煮時不要該放蔥卻加薑，忘了放鹽卻多加糖就行了，……」妻子哈哈笑道。

　　妻子雖然眼睛只剩光感及某個角度稀微的物影，但廚齡幾已等身的她，純熟廚藝及操控能力已達官止神行、目無全牛境界，完全無礙烹飪的進行與指導，任何食材的處理及保存，妻子皆能遊刃有餘，輕鬆搞定。見阿貴已離開職場，對於烹飪也不排斥，又願學習，便答應他參與到廚房這方天地。為此，妻子這樣對他說：

　　「既然你想學，所以等一下我要講的話以前就講過，不知你是否還記得，所以請你要再一次地仔細聽。我現在已幾無物影，但之所以仍堅持自己料理三餐及整理家務，除了之前健康均衡等身心理由外，還有一個原因，那就是『取代』問題，我原來在家裏的主婦角色，如果被長照居

服人員，或外勞取代，則不出一個月，我將對廚房事務完全陌生而無從下手，但我健康狀況尚可，體力也行，如果整天無所事事，將會因無聊而成天只想躺著，最後終究會躺出病來。是以，我希望仍能執行這項工作，因此，我需要的是一個了解並知道如何配合的助手，而不是全部替我做。但一山難容二虎，一廚難容二婦，身邊突然多一個人，我會變得比較焦慮，因為你人在何處，或有什麼動作，我不知道，而我萬一不小心打翻熱水或油鍋，也會影響到你，甚至造成彼此受傷情事發生，你了解嗎？你的加入，固然對我有幫助，但如果凡事仍然要我指揮，而無法自我觀察，知所判斷與因應，則對我其實反而添亂與危險，因此，我們必須培養出非常好的默契及熟悉操作流程，是以，如果實在不懂或有什麼問題，一定要問清楚，才能事半功倍，也不枉你想幫忙之初心，好嗎？我跟你說，如果心情輕鬆，沒有壓力，自己動手做喜愛的美食，其實是一件很快樂的事，因為每道菜都有它的特色，就像在設計藝術品一樣，而且好處很多，不僅僅是色香味而已！最重要的，它還是我們夫妻的偕老之道！」

「妳說的我能了解，既然這是我們倆的偕老之道，我會盡快熟悉，用心學習，儘快融入妳的作業方式。」阿貴認真地回答著。

[由於夫妻倆無法如直立人般每天逛市場，故家中備有

3 台冰箱及 1 台冷凍櫃，專門冰凍宅配自花蓮「立川漁場」的生鮮魚貨，而雞、豬等肉品也只需透過電話事先訂購，再至市場固定攤位取之即可。

至肉類之去筋去油、清洗汆湯、分袋包裝、入櫃冷凍等工序，將另篇專書，於此不贅。]

就這樣，阿貴在妻子的教導之下，習得不少廚房撇步，學會許多食材處理方法，也能煮出多道可口的家常菜了。而最後的調整結果是，爐台前兩人角色互換，他掌鍋，她備菜。她設計菜單，他出門採買。……

而夫妻倆則於「一明一暗」與「互補互助」之間，也靡不協同地打造出俞俞自得、儻儻無羈，適合兩人老後生活超脫自如、在宅安養之居家環境了。

因女兒而設

而親自料理三餐之堅持，這當中還包括為仍在上班的女兒準備便當。母女間曾有以下有趣對白：

「我們家的菜，外面是不是都沒在賣呀？」妻子笑問。

「對！外面吃不到，也買不到！」女兒答。

「那妳喜歡吃嗎？」妻子明知故問道。

「喜歡啊！」女兒再答。

「百吃不厭？」妻子又問。

「嗯！百吃不厭！尤其是榨菜肉絲。」女兒答。

「那妳要不要學呀？」妻子故意再問道。

「爸爸學就可以，我負責品鑑。」女兒撒嬌笑答道。

女兒喜歡吃的「榨菜肉絲」這道菜，夾一口便可吃上5種食物，阿貴算是學會了。主要食材有：榨菜絲、雞肉絲、紅蘿蔔絲、及黑木耳絲。每種食材都是妻子快刀細切出來，起鍋前，再畫龍點睛地撒上自炸的紅蔥酥，即完成這道美味可口的家常料理，不但好吃，做為便當菜也非常合適。

當初尚住水里時，阿貴與妻子之所以起心動念，預為規劃在桃園購買目前居住的這房子，主要是為了照顧在外工作的女兒。那個時候，女兒租屋在外，每月不貲的房租，瞬間即至。既然早有「將來搬住一起」的想法，那何不先貸款購買，如此女兒可將省下來的租屋費用轉為繳付貸款，加上他可以辦理低利公教貸款，經過精算之後，認為似可負擔這筆購屋開銷，他們便開始計畫起這件事情來。

這此同時，阿貴也與女兒深談，提出了自己經過深思熟慮，適合「他們仨」之「共同經營管理」的觀念與做法。

簡言之，由於考量物價及消費指數偏高，未來居住地點，排除雙北市範圍，但又要兼顧生活機能與就醫需求，因此便以桃園地區為首選，並以無障礙環境為優先考量。家中的經濟，三人同心協力，阿貴與女兒負責開源，妻子則司節流重任。

　　民國 100 年農曆春節，趁著年假，他們開始看屋，並在桃園友人協同下，看訪了目前居住的社區建案，也以預售方式，順利下訂這 3 房 2 廳 2 衛 1 廚的房子，大小剛好適合「他們仨」居住使用。特別是建商為應他們無障礙之需求，而做了局部斜坡設計修改，如此，夫妻倆可以不經協助而得以獨力自 5 樓搭乘電梯下到 B2 停車位，開車出門，反之亦然。一年多後房子交屋，由女兒先行入住。

　　民國 109 年搬住一起後，與女兒的相處自然也就由「部分工時」變成了「24 全時」模式。生活上的接觸也全方位的擴開。其實，為應這種改變，在正式搬家之前，他們夫妻倆即經常安排北上小住個兩、三日，想以漸進方式，期讓彼此許多生活習慣及作息時間等等差異消弭於無形。然而，理論與實際總是存有距離，一切也未如想像中完美，女兒「晚睡晚起」的作息，顯然與他們倆剛好相反。

　　探究其因，乃自高中起女兒就住宿在外，無形中養成了處獨立自主的生活方式。換個說法是，她早已習慣了一個人過著自由自在且無拘無束的日子。但因為自己是獨生女，她也明白父親所提「共同經營管理」的意義，也願接納這個建議，並盡力配合著。

　　衡諸妻子的眼盲既成事實，在生活習慣的調整上，阿貴認為應「以明就暗」，也就是主動去配合她。在心喜女兒懂事與理解的同時，他希望女兒是發自內心的願意，不受

彊迫，更不系父母且，故相處伊始，當下並不事事責之以行，而是由自己率先作為，再擇適當情境及時機，與之討論，尋覓最佳之方式與做法。

女兒於私人企業任「HR」職，買房前，在汐止上班，並附近租住，房子交屋後，改住桃園，為應交通需要，及秉「共同經營管理」理念，為其添購了一部車子，以資代步。而女兒的薪資，則除自留一部分外，也全合為家中共同開銷支應之用。已長大的女兒，為了取悅父母，總撒嬌的說自己才 3 歲，頗有現代老萊子的莞爾況味。她常說：

「『把拔』是一種工作，而且不能辭職！」

「讓孩子覺得自己很好命，是父母的榮耀。」

…………

是以，為摯愛家人提供溫馨的居住環境，打造優質的生活品質，是阿貴自訂退休後的人生目標之一。

而對於女兒自己婚姻的決定，阿貴既無「向平願了」[30]的憂思，自也少了份圍圍而困心衡慮的情狀。同住以來，「他們仨」積極劃卻不適的相處，內外有據，各依所專，各司其職，雖未敢言「一定而不易」[31]，彼此互動間之生活點滴

30　《後漢書・向長傳》東漢人向長，字子平，於子女皆嫁娶後即不過問家事，雲游山川。林語堂《京華煙雲》書中人物姚思安亦復如此，女兒木蘭、莫愁婚嫁後，即十年悠游，不知所方。

31　《淮南子・主術》「今夫權衡規矩，一定而不易，不為秦楚變節，不為胡越改容。……」

及種種協處，其張弛過程雖是漫解與辛苦的，甚至是磨擦與衝突的，但令阿貴欣慰的是，凡所既存於摯愛親人之間生活上的出處差異，最後大家皆能採取開誠佈公的討論與良性有效的溝通，尋求可行良方的積極作為，現在，終見「他們仨」和諧圓融的安居幸福生活了。

因一己而立

　　阿貴經常在「國立臺灣圖書館」周邊的林蔭樹下，看到許多老人坐在輪椅上，眼睛或閉或睏，幾個外勞則聚在一旁以自己的家鄉話說說笑笑聊著天，一、兩個小時之後待他出館，只見情景依舊；他也曾在住家附近公園裏，看到過同樣的現象。

　　阿貴可以理解，家屬或基於上班忙碌，不能親侍，或因為人手不足，無暇自顧，故而妙思設想地為家中長者聘用看護以為應，並日復一日地讓所僱外勞將老人家推至屋外，美其名曰「享受和煦暖風陽光」，卻沒問問，這樣的安排真是老人要的嗎？或者說，老後宿命，就只能是這樣過嗎？

　　阿貴希望自己的老後人生，能退而不休，老能自理，而非以如此方式消極度過。已達上壽之齡的彭蒙惠老師，曾經這樣說：「65 歲退休，是大眾和政府給的定義，但只要身體健康、腦袋還清楚，為什麼要輕易退休呢？」

　　想著衛福部「平均壽命」－「健康平均餘命」＝「不健康存活年數」統計概念的同時，阿貴收到了大學同學分享而來、名為〈在孤獨中，人的尊嚴也會喪失乾淨〉的文章，其中撰文者一段關於健康的描述，猶如春雲秋葉般，轉瞬榮枯，在在觸動了他的心：

> 　　起初，一切似乎都還和諧，充裕的養老金足夠老兩口安度晚年，那段時間，我們還經常出門旅遊，過著逍遙自在的日子。但是，隨著時光的流逝，……卻越來越感受到了垂暮生命的重荷。……那時我們想，依靠自己不薄的退休金，可以游山玩水。但是人算不如天算，這樣的日子沒有過上十年，計畫就完全被打亂了。我們沒有料到，自己的身體垮得會這麼快。……住安養院、請看護，不是你支付了金錢，就一定能夠換來等值的服務。

　　阿貴確實如此承想，人到了一定年齡從職場退下之後，為什麼非得要休呢？他也明白，人的一生如翻山越嶺般地起起伏伏，卻會在老後的這個階段，不管是身體健康或生理機能的流失，都會疾如下坡，去似矢箭，苟非於翻頂而下之時，做好準備，輕踩剎車，放慢速度，則恐將因失控而陷己於無寧境地了。

　　阿貴更思忖，一個人的健康結果，其實是之前的許多

作為環環相扣而來，如果生命儘管已進入「平均壽命」階段，但若能做好自我健康管理，延長可生活自理的能力及時間，就等於減低「不健康存活年數」失能的無可奈何，則其非唯是提高幸福生活指數的上上之策，更是因為所影響的不只是個人自己，甚至能夠擴及身邊摯愛的家人。為此，他做己能做，想己可想，自訂了窮而可達的生活目標，設下了輕鬆過日，積極看待人生，不役於環境的「心動吃」老後生活模式！

　　阿貴對「心、動、吃」三者，給予了自己的定義，也努力將之內化於生活之中。簡言之：

　心——生活上能夠以一顆快樂的心，並維持情緒的穩定，相信快樂的有無，是取決於內心的認同，而非期之於木末亭宇。也就是要自我激勵，離捨所來徑，不懷千歲憂，努力活在當下，雖白首而仍能陶然忘機，達到論語所言「……樂以忘憂，不知老之將至……」的境界。

　動——「要活就要動」，尤其年紀越大，身體機能及肌耐力退化越快，因此最好對 TV remote 電視遙控器敬而遠之，勿淪既胖且圓的 couch potato 追劇族，同時，代之以量力且持續地進行有氧及肌力運動，或操持勞動式的家事，增快心跳，促進血液循環，俾益健康的作為，開啟幸福的老後人生。

吃——僉曰「民以食為本」，西諺亦云 You are what you eat. 人如其食，許多文章也都表示，健康是吃出來的，甚至疾病也是吃出來的。而凡有自己開伙的朋友都知道，廚房是家中最有味道的地方，那麼，選擇自己煮，不外食，不僅能吃到均衡且營養的原形食物（不含添加物），且心理學家及營養學家都說，學習烹飪，有助於減緩認知功能的退化，故何樂而不為？何況妻子願意收己為徒呢？

君子仁心，所以遠庖廚，卻正予曲解其義之現代人動口不動手的絕佳理由。「大道甚夷，而民好徑。」[32]處在這個快速翻轉的年代，Food Panda、Uber Eats 當道，大家都想求快省時，何必為了三餐，投下諸多時間，進入燠熱難耐的廚房呢？然阿貴以為，想要擁有健康的老後人生，是靠累積，而不是冀幸奇蹟的發生。

民國 111 年 7 月，阿貴得知又將舉辦手搖車環島活動，自覺體力及耐力尚可，況已退下公職，無請假問題，便躍躍然亟思再度挑戰自我，但雖不欲「莫待無花空折枝」[33]而徒留遺憾，惟考量妻子視盲情狀更甚 6 年前，遂按下不表。

許多夥伴見阿貴遲未報名，紛紛表達關切，LINE 勸進訊息鈴聲不斷。中旬某日，敏銳的妻子突然問道：

---

32 老子《道德經》第 53 章。
33 唐・杜秋娘《金縷衣》。

「你們是不是在談論什麼事情？」

阿貴這才將事情告訴了妻子。

「那你去沒關係！不必考慮我，我沒什麼事，在家很安全，真的！」妻子立刻說道。

「可是，行程規劃前後九天八夜！不然，我跟小儀研究一下，看看她能否請幾天假。」阿貴道。

「沒關係，你放寬心去吧！我希望你能再度參加，我們都有年紀了，想做什麼就去做！只是疫情期間，防疫事項要做好，同時要注意安全。報名截止了嗎？」妻子接道。

「還沒，但好像就這一兩天……」阿貴回答。

「那你趕快報名！不要錯過了！」妻子催促道。

「惠美，謝謝妳！」阿貴摟摟妻子說道。

在妻子與女兒的支持下，阿貴得再以手搖車參與環島盛事而二度圓夢。

只是，「信言不美，美言不信。」[34]這第二次的環島，過程中的點滴，及歸返之後主事者直線型的思考回饋方式，讓阿貴看待「手搖車使用」及「社群團體參與」方式，有了不同以往的觀點與體會。

「世事洞明皆學問，人情練達即文章」[35]，既人皆斥「信言」，而自己在不經意間，竟也自以為地顯露出高估自己的

---

34 老子《道德經》第 81 章。
35 《紅樓夢》程乙本第 5 回。

Dunning-Kruger Effect 達克效應現象，實屬不智，當自省而棄之，並於內觀自求之餘，何妨效夥伴們之靜默以為代言，或能成就更好的自己。

　　不過，如同食安問題重要，運動亦然，阿貴雖覺得 Handy Bike 手搖車非常適合身障但雙手尚好使的朋友作為追求健康的運動工具，只要願意帶著一顆快樂的心，它就能輕易引領騎乘者離開斗室，置身於燦爛陽光之下，建立積極快樂的正向人生觀，更能因而增進社交機會，結交許多來自四面八方、志同道合的朋友；但是，任何運動都必須求其安全，手搖車不例外。「君子以思患而豫防之。」[36]講的就是凡事應先予防範，尤其涉及安全事項。山高水低，騎乘時切勿恃己技冠而競速，旁若無人而巡越，特別是前面遇到曲折山路，極易於爬坡甫畢，勞困頓失、陡然自坡頂疾下而失其戒心，衍不可測之意外。是以，他凡騎必重安全，僅將手搖車視為追求健康的運動工具，絕不圖競技逞能。他覺得這項運動，特別是團體活動的進行，儘管車輛具備先進的優越性能，騎乘者也練就一身的高超技巧，但其於享受御駕臨風之快的同時，仍應以不喪失夥伴們的信賴，願與之快樂同遊為最高指導原則。

　　「自己種一檣，卡贏看別人。」（台語）民國 111 年

---

36 《易經》第63卦。

12 月 7 日，阿貴為增加自己騎車運動、鍛鍊強身機會，及達到延緩老化目的，在女兒陪同下，去到位於桃園新屋「太平洋自行車博物館」，購買了一款無電力輔助的折疊式手搖車，未來即能隨時隨地隨興隨意，或暢行桃園各個運動公園，或悠遊桃林鐵馬道、或迎風南崁溪水岸，相信都能帶給他舒心的感受，且輕易即能搖出滿滿的快樂。

阿貴當然明白，退休後想要篤行這看似簡單的「心動吃」生活 3 字訣，過上健康的老後人生，以前可能是知道做不到、知易行難的事情，更別說烹飪之事對他而言，是連知都難的；但現在時間多了，為什麼要任令時光空冷磋陀，而陷自己於無聊之境呢？且「用舍由時，行藏在我。」[37]既然健康目標能自訂，且所施為，既都為自己，其結果就會如迴力鏢般，反向回到己身，則執行起來便不會有怕煩生厭之感。只要調整自限心態，藉由真正持之以恆地運行這簡單生活 3 字訣，在人生的單行道上，自己絕對可以自適而得委委夭夭，安樂而無未愜之感，更可倖免陷入「不健康存活年數」所平添諸多不適、無奈、與辛苦面對。的確，在自己已邁入高齡老化階段，尤須保持身心健康，才能不因體衰而無能與之，也才不應韓愈「與眾異趣誰相親」[38]之慨而徒發清狂了。

---

37 宋・蘇軾《沁園春・孤館燈青》。
38 仝 18。

　　阿貴深諳，退下公職之後，生活上一定會有許多宴安自逸的時間，但退休不是結束，而是另一種開始，開始規劃新的第三人生，也開始面對最後人生旅程。是以寸金光陰必須好好計畫與利用，不令演為無聊甚至無言的結局。這此同時，他更清楚老後的自己，想要有所樂，有所學，甚至有所為，一切的一切，都需植基於健康的身心與豁達的念想，才能享受平靜、平常、平和的三平生活，及滿足、滿意的二滿人生。

　　東坡先生曾說「良辰樂事古難全」，謝靈運更以為「天下良辰、美景、賞心、樂事，四者難并。」雖說風雨陰晴人生常態，阿貴也不認為船到橋頭會自然直，要想享受人生寶貴的第四個 20 年，立廢全寓一念之間。而自己已屆古稀之年，也承認有「年紀越大，越怕改變」的心理，然「松柏入冬看，方能見歲寒。」[39] 既不想萬事俱休、退後即「躺平」，那何不就如馬克‧吐溫所說「改變念頭，動手去做你最害怕的事，恐懼就會消失」，並依台諺「觀念那不改，只有騎 O-to-bai；觀念那有改，Benz 牽來駛。」用心生活，好好享受七十人生之後的微霞餘光。

　　是的，外求環境易難，何不向內調整自己？阿貴堅信，願意用心經營家庭的人，才有資格享受親情的溫暖。以前

---

39 宋‧邵雍《歲寒吟》。

上班忙碌無暇，現在一定要將時間留與摯愛的家人，妻雖已全盲，但這不仍有他嗎！一雙眼睛兩人用，自己一定要多付出些心力才是。

　　何處春深好，阿貴以為和樂家春深好。「干天之木非旬日所長」[40]。想來，生活中原本看似容易的親人同簷相處，雖然觀念不同，生活習慣有異，但許多事情卻往往不能視之為理所當然，不惟親子是，即如夫妻亦是。夫唯共同經營，一起面對，攜手共老，才能同享持盈保泰的康健人生。

　　而人生如果是一本書，那麼，在自己這本已然無法重寫，且無可避免地即將面對老化的衝擊，苟欲不踰矩的在初老、中老、及老老各段落裏，寫出精采的美好篇章，並希冀趁此得閒而尚未全老之身，忘年地以「心動吃」搖寫出向暮而不傷暮之 The Third Act 第三人生[41]，則獨善孤芳將無以致之，唯及早準備，並維持健康樂觀身心，迎向敞亮戶外，方能援翰而寫心。

　　越鳥歸巢，體態之所以變得輕盈，在於牠飛回窩中時，所依戀的窩巢，在雨過天晴、夕陽餘暉透進窗格的暖照下，已然舒爽。

　　體清心遠，再次成長，又何嘗不是阿貴所企求的呢！

40　晉・葛洪《抱朴子・內篇・極言》「千倉萬箱，非一耕所得；干天之木，非旬日所長。」

41　愛爾蘭成人教育學家愛德華・凱利博士（Dr. Edward Kelly）所主張。此時期「獨立又能彼此依靠，能助人、傳承、貢獻自己的人生階段。」

廚房事學習二三

　　作家廖玉蕙教授在其《大食人間煙火》一書中,曾這樣描寫失去巧手廚藝的母親:「她進退失據,在垂老之年,陡然跌落到陰暗的井底,四顧茫然」,讀之戚然。

　　退下公職的阿貴,雖也自覺漸漸垂老,為求不陷進退失據之境,想時間既多,故嘗試學習刪述寫作,也併向廚房覓深情;復慮及平常家中只夫妻二人,因此他亦融入妻子的有聲書世界,並於用餐時,或一起討論廚房之事、或共聆一場演講、或同讀一本書(她聽己閱),如此,兩人便有共同話題與興趣,也免淪銀髮夫妻相看兩討厭的田地。

　　一日之計在於晨,阿貴依然維持每天 05:30 起床習慣,為家人準備早餐。妻子與女兒喜歡吃他做的手工麵包。

手工自製麵包

　　說起麵包自製,至今已 9 年。103 年,阿貴因奉派參加國家文官學院「委升薦」訓練,足足 5 個星期,每天都必須早上 06:30 出門,到晚間才回到家,以致頂樓農活完全落在妻子身上,而原本早餐所吃包子、饅頭、蔥油餅等,

皆是由她揉發麵糰所製作，也因而無暇為之，為解決這個問題，決定購買一台麵包機。但是，它雖可自動烘烤出宛如土司般上鬆下實一整大塊的麵包，卻口感不一，且必須事先分切而食，著實不便。

　　阿貴退休後便接過這活。妻子建議，何不只利用它的攪拌發酵功能，再取出麵糰後製成大小適合的單個麵包！5年來，他即依此建議，平均 5～6 天製作一次，每次 24 個，麵包口味也不斷地改良與變化，原料則皆採用天然食材，絕不添加益麵劑或膨鬆劑。

　　而經常使用之材料有高筋麵粉、燕麥片、天然酵母粉、鹽、糖、核桃、杏仁薄片、杏仁粉、芝麻粉、薑黃粉、南瓜、玄米油、及 RO 純水。

　　其中,「紅豆」、「芝麻」、或「芋頭」等內餡材料皆是自己炒製,並且加入桃核細粒,絕無坊間所賣含甜味劑、黏著劑、及香料等添加物,吃來口感鬆軟,餡料微甜帶脆,美味極了。

　　製作完成的手工麵包,以冷凍的方式保存,食用時蒸過即可。

　　最近,阿貴更在妻子的協助之下,取下「木鱉果肉」,以果汁機打成濃汁,並以之取代了 RO 純水,成功開發出色澤紅艷,伴有獨特香味的「木鱉果」麵包。

　　「木鱉果」,俗名刺苦瓜,種子扁扁的,形如鱉樣,又似木製而成,故名。阿貴 Google 網搜一下,竟發現它有非常好的營養成分,是番茄紅素、β-胡蘿蔔素、維生素和礦物質的絕佳來源,有「天堂果」美名。

醉雞腿

　　網路等媒體,對於「不健康餘命」的議題,都有許多探討。那到底慢性病能不能預防呢?如果是屬於遺傳性的,可不可以逆轉呢?

　　阿貴的這些問題,顯然與女兒自賣場拍回來「醉雞腿」

照片中的「成分」標示有關。而之所以請她這樣做，肇因
於參加社區的年度會議，會後女兒推著妻子的輪椅正要離
開時，遇到了鄰居，彼此之間，有了一段小小的對話。

鄰居說：

「我每天上班要搭電梯下樓時，都會聞到妳們家飄出
剛煮的咖啡香，有時下班了，也會聞到藥膳香味呢！」

妻子應聲道：

「是啊！我家每天早上都會煮一壺咖啡。至於那藥膳
味，應該是我們製作『醉雞腿』時，藥膳汁的味道。」

鄰居很熱心，好意的說：

「醉雞腿賣場就有！價格不貴，買回來剪開包裝即可
直接吃，好吃又方便，不必那麼辛苦的自己做。」

「是喔！謝謝你告訴我。那小儀，改天妳去買一包回
來我們吃吃看。」妻子一邊向鄰居道謝，一邊回頭跟女兒
說。

　　女兒深知家裏的飲食習慣。為了減少負擔，是以「食物」而不是「食品」為選擇原則，但凡吃進肚子的，能自己處理，就不外買。女兒也知道，媽媽只是想要比較一下，與自家製作的有何不同而已。

　　這「醉雞腿」即食料理包，果真不貴，價格在 200 元之內。Google 查了一下它的各種成分：

> 「L-麩酸鈉」，就是味精，以化學方式提煉而得。
>
> 「乳糖」，味道微甜。
>
> 「水解大豆蛋白」，俗稱玻尿酸。把大豆放入鹽酸中，使大豆分解，這個過程叫做「水解」，然後再將鹽酸加以中和，就成了人們喜歡的味道，但它不是天然的。
>
> 「嘌呤」，就是普林，常見之於菇類或肉品等食物中。

　　看了之後，阿貴恍然大悟，原來市面上常見的「鮮味劑」，就是由這幾種成分組成。大家常買的泡麵、洋芋片、微波食品及各種零食中，都有它們的蹤跡。

　　而「鹽酸」顧名思義，應是一種化學反應性很強的東西，只是商人把食物放入其中水解之後，除了給消費者喜愛的味道之外，不知還給了什麼？

　　另一富貴病「痛風」，相信大家都不陌生，是由於人身體內因為「嘌呤」代謝障礙，導致尿酸累積而引起的疾病，其嚴重者，甚至會引起腎臟病變！

　　但是這些添加物，因為有便宜、方便等許多好處，就一直被廠商廣泛使用及消費者接受，似乎只要依照「食安法」品名、規格、使用範圍、及限量標準的規定，詳加標示，也就合法了，消費者在邏輯概念上，就會認為「合法＝安全」。只是，因而吃下肚的，實在難以計數，吾人不僅不知它對人體是否會造成危害，也不知它是不是會致癌？

　　阿貴記得多年前，一位朋友的父親，不到 80 歲。平時不菸、不酒，身材雖瘦，但尚稱硬朗。退休之後，還能做些體力活，幫人家整整地，除除草，打打零工，賺點錢貼補家用。沒工作時，就會買些糕餅之類的供品，去寺廟拜拜，一個月總去個 2～3 次。有一天她父親騎腳踏車外出時，不知什麼原因摔倒了，經路人幫忙叫救護車送到了醫院，經檢查證實是腦溢血，也就是中風。不想，自送醫的那天起，就再也沒有回過家，先在醫院住了一個月後，因家裏空間有限，由家人安排住進了安養中心。剛開始尚能識人，也能簡單應答，但沒多久，身體漸失運作功能而癱瘓了，在病床上躺了 5 年多，最後因器官衰竭辭世。

　　再次與朋友見面時，她主動提到這件事。她說：

　　「我爸爸因為牙口不好，平時蔬菜、水果也吃得少，水也喝得不多，雖沒做過健康檢查，但也沒聽說身體有什麼問題。我們經討論分析之後，認為應該與他經常吃拜拜後的糕餅有關，起先以為是爸爸喜歡吃，但我媽媽說，是

因為沒有人要吃，我爸爸認為能吃的東西，怎可暴殄天物，就自己吃了，有時去工作時，也會帶著，肚子餓了好充飢。」

阿貴拿起朋友早先已放在桌上的一盒餅干，看了看成分標示，又放了回去。心想：「哇！這麼多添加物。」

週末，女兒不用上班，父女倆繼續聊著照片的話題。

阿貴問：

「妳的同事，會買這類即食食品嗎？」

「當然會啊！上班都已經很忙了，回家要照顧小孩，假日也沒得閒，哪有時間自己弄！」女兒毫不思索的回答著。

阿貴再問：

「那妳知道，他們買時，會看成分標示嗎？」

「不會！大家都嘛是以方便、快速、好吃，能立即解決用餐的問題為主。如果再看成分標示，那就沒有東西可以買了。」

「那妳會看嗎？」阿貴繼續問。

「以前不會，現在會了，是你跟媽媽教我的啊！尤其媽媽，總是千叮嚀萬交代。」女兒笑著答道。

自從搬到桃園之後，因為女兒行動方便，家裏許多日常用品，大多由她外出購買。

女兒沉默了一會兒，繼續說：

「但我是因為有你們幫我弄，不然，我每天那麼忙，

還不是得買現成，或者叫外賣、吃便當。……」

據女兒表示，其公司在農曆年過後，人員離職率很高。為此，她經常得因公司內各用人單位的招募需求，至人力銀行網站，蒐羅履歷資料，然後抓緊時間，進行電話聯繫追蹤，安排面試，及錄取後的帶訓等等工作。有時，為了配合應徵者及主管的時間，一天之中，甚至得多加安排面試場次，如此，自然增加了不少的行政工作，更別說自己還有其他的待辦事項。

與女兒對於「成分標示」的對話結束了。阿貴想：

「基層上班族普遍薪資不高，工作又忙碌，自然在飲食上的消費用度相對就會斟酌，對於吃的選擇更易以方便、快速、平價為主要考量，實難兼顧其他。」

曾經聽過一位公共衛生醫學專家對於「健康」議題的演講，談到該不該喝什麼，幾蔬幾果才夠，最好幾點前睡覺等等，乍聽時頗覺有理，認為若遵循其言其法，並落實於生活之中，則健康的擁有應指日可待。但真正的情況是「知道！做不到！」，理論與實際往往是兩條平行線。

「三餐」，在不開伙的人來看，是個簡單的問題，到處都有得買。的確，外食是既方便又省事，剩下的只是如何選擇的問題而已。「年輕時你怎麼對待身體，老的時候你的身體就怎麼對待你」的道理，終究抵不過當下的口腹之慾，或者說是果腹之需！

　　美國前總統杜魯門曾說過一句膾炙人口名言：If you can't stand the heat, get out of the kitchen.要從政就不要害怕外界批評。但這句話若純望文生義理解，不也顯示「廚房及烹飪事」對絕大多數的人而言，確實是既煩雜且惱人的，不僅要上市場採買食材，回來後還要收納整理，煮前要先備料，餐後更有一堆清理的工作等待著。

　　不過，阿貴仍相信有不怕熱者，因「民以食為本」，是天天、餐餐必須面對，不是嗎？經過學習與認識之後，他深知外食存在著太多不確定性，所以，寧可辛苦在先，也不希望痛苦在後。

　　當然，遇有親友邀約聚餐，或出門三不便之時，就採取「外不殊俗，內不失正」[42]的態度因應了。

【醉雞腿小食譜】

食材：雞腿、中藥材、紹興酒、鹽、水

作法：
　⑴至中藥鋪請老闆配一份含有「紅棗、黃耆、參鬚、枸杞、當歸、肉桂、川芎」等藥材，加水煮成藥膳汁，過濾待涼備用。
　⑵雞腿洗淨、汆燙、再洗淨。置入鍋中，加水及適量鹽煮熟，撈起待涼備用。（無骨醉雞腿，需先將雞骨取下）
　⑶以量杯依「紹興酒1、藥膳汁2」的比例，調好適量汁液。
　⑷將煮熟雞腿放入依比例調好之汁液中，放進冰箱。
　⑸浸泡時間1～2天即完成。
　⑹食用時，無需再加熱。

---

42 三國魏・嵇康《與山巨源絕交書》。

黑糖糕

　　以前，母親經常做馬拉糕給阿貴吃，他特別喜歡它Q彈的口感。母親知道他喜歡吃，所以當得知他假日會全家自中部回來，就會事先多做，讓他們不僅可以一進家門就能吃到，待收假時還可以帶回家慢慢享用。

　　如今為人父，阿貴終於明白，這是母親愛護子女的用心，只要有好吃的，都不是自己先享用。只是，他再也吃不到母親做的馬拉糕了。

　　阿貴雖不會做馬拉糕，但「以糕思親」，有樣學樣，退休後為了變化早餐內容，也學會製作黑糖糕，經常做給家人吃，有時與女兒共度下午時光，煮杯咖啡，以它為點心，還真愜意呢！

　　也許有人會說，幹嘛那麼費勁自己做，想吃，去買不就得了！但阿貴不想「什麼都不做，時間無聊過」。

　　坊間為了節省時間及成本,快速讓麵糊膨脹,多數使用的膨鬆劑都是「泡打粉」(即發粉),而這種材料,為了營銷目的及實際功效,多會加入明礬及含鋁元素。即以「發糕」為例,不僅以塑膠碗直接蒸而有塑化劑疑慮外,更有為敬神但又忌白色,或為看相佳、不變質,甚至添加「食用色素」及「品質改良劑」。

　　阿貴則使用非化學的「天然酵母粉」,並且加入成本高的「蓮藕粉」。

　　[蓮藕富含澱粉、鈣、氨基酸、維生素 B12、維生素 C、鉀、鈉、鎂、鈣、鐵等,又有健脾顧胃、降血壓、補血等功能,也可取代太白粉作勾芡之用,營養價值極高。]

【黑糖糕小食譜】

材料：

(1)高筋麵粉 120g。(2)黑糖粉 50g。(3)蓮藕粉 60g。(4)天然酵母粉 2g。
(5)純水 200g

如果要增減份量，可依等比例調整之。

而若喜甜者，則調高黑糖粉的用量。

做法：

(1)將全部乾粉材料混合，加水拌勻成糊狀。

(2)備好適當容器，底部鋪上烤盤紙，內部立面抹上一層食用油。

(3)將拌勻的糊狀糕漿倒入該容器內。

(4)靜置 1～1.5 小時，或膨脹至兩倍即可。

(5)水開，大火蒸 20 分鐘；關火再悶 5-10 分鐘。

進階版：

在拌勻的糊狀糕漿酌量加入事先蒸好的材料(例：紅豆)。

跋　語

一、飲食有度

　　近日，國內電視媒體，紛紛報導了多位名人及藝人罹癌的訊息。他們正值壯年，事業有成，卻須辛苦經歷多次開刀手術之後，又承受無數次的化、放療之苦，甚至最終難敵病魔摧殘而撒手人寰，不但教人不捨，也令人聞癌色變。許多醫護人員及營養師，針對腦出血、頭頸癌、直腸癌、胰臟癌等，提出了他們專業上，平常應予注意的事項，以供大家自我覺察及判斷因應的依據。

　　阿貴從文字的角度看：

　　「癌」字，從「疒」ㄔㄨㄤˊ，「嵒」一ㄢˊ聲。表示人如有病，就應該在床上休養；而「嵒」同「岩」，表示高俊的山崖，也表示此病如山之重。「癌」，本應讀作一ㄢˊ，但生活中常讀作ㄞˊ，這是為了避免口語中與「炎」字混淆。

　　中醫將表面凹凸不平的惡性腫瘤稱為「巖」（上高下深，巖穴之狀），與象形字「嵒」（山上的石頭）相通，後人再加上「疒」（「病」字偏旁），就成為「癌」了。

　　英文稱「癌」為 cancer，源於 crab，蟹，形容癌腫的形態和生長方式如同張鉗伸爪的螃蟹。

　　可見，中、西醫學從形態上或程度上，都把惡性腫瘤看作面目猙獰的病魔。

　　《國語辭典》中，「癌」字注音為ㄞˊ，意思是人體組織中某種細胞發生不正常增殖的現象。這種細胞不僅增生迅速，而且破壞力強，可經由血液或淋巴到處轉移，破壞周圍組織。

　　試想，吾人食之一口已足，癌卻三口食如山，如此怎堪身體了得？

　　偏偏國內盛行的歐式自助餐廳，或 buffet 吃到飽餐廳，無不推出各式精美誘人的主題料理及美酒佳餚，總讓人趨之若鶩，殊不知此種採「基本人均消費、無限供應，但卻限時享用」之餐飲方式，常令消費者「嘴飽目不飽」，為了所謂的划算，往往在短時間內吃下大量的食物，而這其實是違反「細嚼慢嚥」的健康守則，也易造成身體的不堪負荷。醫學常識告訴我們，吃太飽會刺激胰島素大量分泌，進而誘發許多疾病。

　　「多食滋味少，少食滋味好」。古訓亦云「病從口入」。印證妻子的飲食傳授之道，她的料理手法，不只粗菜細做，細菜精做，也在在都是「遠毒」之措。阿貴再次檢視「吃少顧肝，吃多顧山」這句話，覺得是對的，應正視之。

二、自癒力

阿貴在網路上看到這麼一個對於「健康」的比喻：

1,000,000,000,000,000⋯⋯

如果，一個人的身體健康是 1，而財富、事業、地位、能力、愛情、家庭、成功、幸福⋯⋯，都是 1 後面的 0，只有依附於這個 1，0 的存在纔會有意義，若沒有這個 1，那麼一切都將不存在。

的確，健康如同土地之於樹木，樹根離地，必趨枯槁，甚至死亡。

最近，阿貴亦聽聞二則失去健康的案例：

其一，朋友的姊夫，70 餘歲，身材肥胖，三餐常常是在吃到飽餐廳，早午晚餐一次性解決。然而，本身罹糖尿病不說，兩年多前再確診大腸癌，治療期間，復因心、肺及腎功能障礙，導致肺積水，致小腿腫脹難消。朋友說，她的姊夫從此與新陳代謝、大腸直腸、心臟、胸腔等科，結下不解之緣。

另一則是網路新聞，曾經以 10 分鐘吃下 399 碗蕎麥麵的日本知名大胃女王菅原初代，於 2022 年 6 月發現罹患大腸癌，不想卻在 2023 年 3 月 9 日驚傳逝世，享年 59 歲。

所謂「物極必反」，可一點都不虛。

　　這二則案例都是因為毫無節制的「吃」所引起，也因所患疾病嚴重，從而身體喪失了自我修復能力，以致再先進的醫療手段也無能為力。

　　適巧妻子的有聲書，其中一篇「醫療的本質」文章，也提及關於「人體自我修復能力」的敘述：

> 　　所有的醫療行為，只起到支持的作用，最終治好疾病的，還是病人的自我修復能力，換句話説，醫療的本質，是支持生命的強大自我修復能力。
>
> 　　為什麼身體的自我修復能力這麼重要呢？
>
> 　　自我修復，是人類在數百萬年的進化過程中，形成的一種對抗損傷跟疾病的自我保護機制，我們身體裏，每天都有細胞老化、變性、凋亡，然後人體會透過細胞分裂，再生出新的細胞。
>
> 　　身體的自我修復能力，是人類戰勝疾病的根本武器。在疾病，尤其是大病面前，醫療手段的支持作用是必不可少的，因為這個時候，人體的自我修復系統，已經很難獨力應對損害因素，醫療手段的支持作用，就是為自我修復，贏得時間，創造條件。
>
> 　　加護病房(ICU)的治療手段，體現了現代醫學生命救護的最高型態，呼吸機支持肺，讓肺休息，等待它自體痊癒；血液進化支持腎，代替腎臟的功能，等

待它痊癒；全世界最尖端的葉克膜，是對心臟跟肺，最高級別的支持。

一般人罹癌期間，病人的癌細胞會不斷的分裂，不斷的生長，不斷的侵襲人體組織，這個時候，單純依靠人體的免疫系統跟自我修復能力，很難跟這些癌細胞搏鬥，醫生用手術刀切除癌組織，用化療勦滅藏在身體其他部位的癌細胞，用放療打掉手術沒辦法徹底清除的癌組織，這些作法都是為了減輕腫瘤的負荷，讓人體的免疫系統發揮作用，從而戰勝癌症，這也是為人體的自我修復，創造條件。

如果人體自我修復能力不恢復的話，單純依靠化療放療，治療的效果都不會太好。

…………

民國 112 年 1 月中旬，阿貴因「瘻管」問題門診，並決定開刀處理，惟適逢農曆春節將至，經與醫師討論，排定年節後的 1 月 30 日手術。手術過程相當順利，術中並同時割除了痔瘡（這也解決了他長年的困擾），原本預定隔天出院，但術後當天晚上，原即有的「疝氣」竟然凸出且推不回去，而且疼痛不已，經立即會診泌尿科，決定三天後加刀進行人工網膜修補的腹腔鏡疝氣手術，並於術後隔天出院了。

　　不想術後一星期回診時，發現左邊的「疝氣」似乎有異，經醫師檢查，確認失敗，而必須再進行的第二次手術，只能採取傳統「開腹」方式，惟因慮及「瘻管」尚在泡盆療養期間，及 4 月份醫師無法排出時間，故將之安排在 5 月 8 日，術後復經兩個月的休養，總算完全康復。

　　阿貴在 3 個月內，進行 3 次全身麻醉，解決身體上 3 個困擾問題，感覺自己的預後狀況良好，並無任何不適，他認為跟自己本身有很好的自我修復能力有關。

　　那麼，要如何強化自我修復能力呢？

　　【揚生慈善基金會】多年前曾製作了一個「身體裏的醫生——自癒力」mp4 影片（搜尋 YouTube 可得），有周詳的介紹。視頻中所提健康密碼〔３{飲食、運動、習慣}＋１{人際關係}〕的建議做法，吾人若能持之以恆運行於生活上，相信可「預防於未病」。

　　【HEHO 健康】也表示若能做到「不濫用藥物、睡眠充足、保持心情愉快、定期適度運動、飲食均衡」五項，可喚醒吾人體內的自癒力。

　　而上述二者的闡述，與阿貴的「心、動、吃」，似乎有著異曲同工之處。

　　人的一生，有人戲稱是少年爭學歷，中年拚經歷，老年看病歷。阿貴認為，其實那都是每個階段的過程，有病當然應該就醫。人老不可怕，可怕的是與眾異趣、害怕改

變的心老。明天會更老又如何，只要保持身心愉快，追求身體健康，讓每個今天更好就行，不是嗎？

三、桃園市立圖書總館

「桃園圖書總館」甫於 111 年 12 月 17 日試營運，阿貴想去體驗它的無障礙設施究竟如何。他將車子駛出自家社區的地下停車場，然後順著 88 巷右轉進入永順街，經永順國小校門後，來到了第一個十字路口，穿過眼前橫向的大興西路二段，直行至中埔二街底，順接同德六街，並於中正路左轉後，右轉南平路，再右轉新埔六街，即到達目的地的地下停車場入口。從家裏到總圖，全程 1.5 公里，並不遠。

經車牌成功辨識後，車子順利進入 B1，沿著車道直行數公尺後，右轉再左轉，即見數格身障專用停車位。圖書館的梯廳即在車位旁不遠處，電梯旁同時設置有無障礙廁所。相當完美的設計，這是他的第一印象。

由於是第一次獨自前來，為了稍後能夠順利離場，他沒立即進入梯廳，而是反向往出口而去，因為停車場管理室在那兒，他準備先去向管理人員詢問相關事宜。

阿貴去過許多地下停車場，像臺圖及土城醫院等，皆有分設電子及人工兩種繳費方式，其中人工繳費通常都緊臨車子左邊，如此駕駛者只需搖下車窗，即可容易的與管

理人員溝通，詢問身障用車的優免方式再行繳納。

　　但是，桃圖的停車場管理室設在相反的副駕這邊，如此即無法沿用上述的方式離場。因此，他划動輪椅來到管理室的窗口。管理人員很客氣，於了解到他的問題之後，隨即表示身障者可有四個小時的優免時間，但需辦理相關資料的填列登記。而駕駛者經完成繳費手續後，有 15 分鐘充裕的離場時間，但由於管理室緊臨出口，因此建議他要離場時，先來辦理相關手續後，再去發動車子。

　　阿貴了解桃圖停車場相關規定，向管理人員道謝之後，便往梯廳輪去。電梯相當寬敞，阿貴搭至一樓，一出電梯，迎面而來的是花木扶疏的寬闊桃園藝文廣場，他四處看了看，拍了些照片後，搭只達二樓的透明電梯，服務櫃台設於此，可以在這裏還書或登記借書，因為是桃園市民，借書只需以市民卡登記即可，櫃台旁另設有電腦數台，供民眾查詢書號等資訊。

　　阿貴早以「桃園市立圖書館 APP」查詢所欲借書之書號「852.4516 4434」是在五樓，於是他再換搭另一座電梯，依著分類清楚的書架找去，很快的就看到這本《有一種豁達叫『蘇東坡』》，他順利的取下書本，放入輪椅後面提袋中。接著他想找另一本書《修復關係，成為更好的自己》，但在 APP 卻查無此書，於是問及一位彭姓志工。她非常熱心，立刻以電腦查詢，卻僅得到「178.8」的書號，熟悉館

內藏書分類的她，一看即判斷該書在四樓，並表示要陪同阿貴前往尋找。兩人一同搭電梯來到四樓，依架依號尋看，很快的找到了該書。彭志工並說明可利用手機掃瞄借書，相當方便。

　　第二本書取得之後，阿貴向彭志工表示自己今天是第一次獨自前來總圖，除了想親身體驗圖書館的無障礙設施以外，也想四處看一看，對圖書館有進一步的了解。彭志工表示非常歡迎，當下立刻介紹了圖書館 3～7 樓的館藏書籍存放分類方式，並說明進出動線及電梯位置，同時表示館內每個樓層都有無障礙廁所，說明得相當清楚，整個過程可以感覺彭志工是位極有耐心及服務熱忱的人。

　　兩人初識，彭志工表示自己是四年五班的，並問得阿貴是 43 年次，對其雖身殘猶能神采奕奕的獨自來到總圖，表示相當肯定。

　　這第一次的桃圖之行，阿貴覺得尚稱方便。

　　二度前往，阿貴除還書外，也打算再借白先勇《細說紅樓夢》（書號 857.49 2621-1）。

　　阿貴發現，停車場管理室的接洽窗口已不設在出口處，而是從善如流的改至較安全的另一邊了，他覺得這樣非常理想。

　　「桃園市立圖書總館」座落於桃園藝文特區，即「中正路、南平路、新埔六街、同德六街」四條街道範圍內，

這座全國面積最大的圖書館，佔地面積 51,600 平方公尺，規劃為地下 2 層，地上 8 層，具備典藏、閱覽、查詢、商業、文創、電影院及主題餐廳等多元功能之宏偉綠建築，能夠提供民眾舒適地在館內享受休閒及探索知識的樂趣。

國立臺灣圖書館的無障礙設施規劃，已經令阿貴相當推崇了，不想來到桃園總圖，他發現設計上完全符合自己無障礙環境的定義，不但設施規劃得更好，最重要的是總圖的停車場管理人員，服務態度更佳，身為桃園市民，他相當滿意自己的居住城市有如此完善無礙的知識寶庫，特別是有考慮到身心障礙者的使用需求。

＊＊＊

沒有正向的行動，遑論幸福的追求。而什麼使人生最值得度過？阿貴心喜仍有許多題材！當真是人間富「貴」，「美」中即有，夫復他求！？自己何不續覓刪述之機，再啓新猷？

抬頭斜照正相迎，原本午後思親的沉靜心情也轉爲清朗了，阿貴哂然！